리듬악기를 이용한

유아 음악활동

임혜정 지음

도서출판 피린마음

임 혜 정

강원대학교 사범대학 음악교육과 졸업 (작곡 전공)
서울대학교 대학원 졸업 (교육학 석사, 음악교육 전공)
덕성여자대학교 대학원 졸업 (교육학 박사, 유아교육 전공)
현) 상지영서대학 유아교육과 교수

저서:

- **창작 가곡집** 《산 넘고 물 건너》, 《기도》, 《달 있는 밤》
- **유아를 위한 창작 동요집** 《노래하는 꿈나무(CD 포함)》
- **유아음악교육** 《유치원교사를 위한 반주법》, 《유아의 음악성계발을 위한 기초연습: 리듬 연습》, 《유아의 음악성계발을 위한 기초연습: 보고 부르기와 듣고 적기》, 《유아의 음악성계발 프로그램》, 《유아음악교육》, 《주제별 유아동요 선곡집》
- **논문** 〈20세기 음악교육과정의 접근 방법들에 대한 고찰〉, 〈우리나라 유아동요의 음악적 문제〉, 〈유아음악교육에서의 발달론적 접근에 대한 비판적 고찰〉, 〈유아교육기관에서 선호하는 동요에 관한 조사 및 악곡분석 연구〉 외 다수

리듬악기를 이용한 유아음악활동

초판 1쇄 인쇄 2009년 8월 24일
초판 4쇄 발행 2022년 8월 26일

지은이_ 임혜정
펴낸이_ 황호철
펴낸곳_ 도서출판 파란마음

Flash on KOMCA 한국음악저작권협회 출판 010131148

주소_ 04315 서울시 용산구 백범로90라길 47 | 전화_ (02) 3275-2110~1 | 팩스_ (02) 3275-2199
홈페이지_ http://paranmaum.co.kr/

등 록_ 2006년 4월 24일 · 제302-2006-00024호

ISBN 978-89-92546-47-8 93370

값 15,000원

머리말

악기 다루기 활동은 노래 부르기와 더불어 유아음악 교육의 중요한 한 영역이다. 소리 나는 물체에 관심을 보이는 영 · 유아기에 있어서 리듬악기는 호기심의 대상이며 즐거운 놀이감일 뿐 아니라 유용한 자기표현의 도구가 된다. 그럼에도 불구하고 대부분의 유아교육기관에서 악기 다루기 활동은 그리 활발하게 이루어지지 않고 있으며 본인의 조사에 따르면 몇몇 기관에서는 전혀 이루어지지 않는 경우도 있다. 이러한 현상의 근본 이유는 다음의 몇 가지로 요약된다.

첫째, 교사의 악기 다루기 활동의 필요성에 대한 인식 결여
둘째, 교사의 악기 다루기 활동 지도능력과 자신감의 결여
셋째, 악기 다루기에 관한 실제 활동 자료와 교사용 지침서 등의 부족
넷째, 다양한 악기 구비의 어려움

이러한 문제에 대한 해결의 필요를 절감하는 유아음악 연구자의 한 사람으로서 이번 일은 수년 전부터 계획되었으며 유아들을 대상으로 한 여러 번의 실험과 수정을 통하여 이제 미흡하나마 첫 번째 결과물을 내놓게 되었다.

유아들의 악기 다루기 활동에서 악기는 하나의 소리 나는 도구로서만이 아니라 창의적인 자기표현과 적극적인 음악활동의 도구로 활용되어져야 하며 이러한 면에서 악기를 이용한 다양한 음악활동의 실제들이 개발되어질 필요가 있다. 많은 유아교사들은 독보력도 부족한 유아들에게 리듬악기를 활용하여 음악활동을 전개하는 일이 매우 어려운 것이라고 인식하고 있다. 그러나 본서에서

보듯이 실제로 유아들의 발달수준에 맞는 활동을 계획하는 것은 충분히 가능한 일이며, 본인의 경험에 의하면 이러한 유아의 수준을 고려한 리듬악기 활동들은 실제로 유아들의 활동을 매우 성공적으로 이끌어 낼 수 있다. 이 책은 리듬악기 지도에 쉽게 접근하지 못하는 교사들에게 실제적인 도움을 주고자 쓰여졌다. 이러한 이유로 본서는 리듬악기를 이용한 유아음악활동을 실제 현장에서 어떻게 유아들의 수준에 맞게 계획하고 전개해 나가야 하는지 활동을 중심으로 제시하여 현장 활용도를 높였다.

아무쪼록 예비교사들이나 유아교육기관의 교사들이 본서로 인하여 리듬악기를 활용한 유아음악활동이 더 이상 어려운 것이 아니라는 인식의 전환이 이루어지기 바란다. 더불어 활동의 실제를 직접 적용하여 봄으로써 리듬악기 지도의 기술과 방법을 터득함으로써 현장에서 이러한 활동들이 더 확대되기를 기대한다.

끝으로 악보와 사진과 그림 등 번거로운 작업이 많았음에도 불구하고 독자에 대한 세심한 배려와 정성으로 수고를 아끼지 않으신 황호철 사장님 이하 도서출판 파란마음 가족에게 심심한 감사의 마음을 전한다.

2009. 8.
저자 씀

차 례

Part I

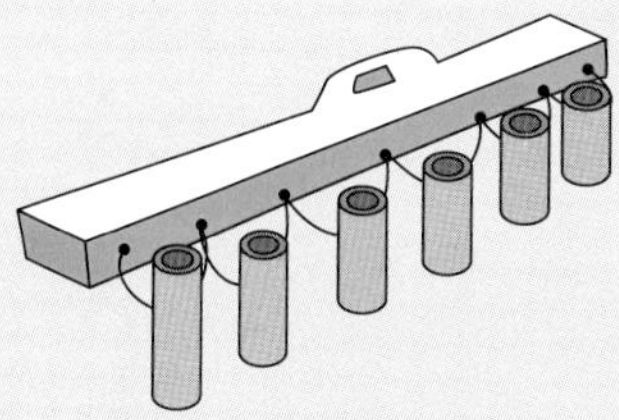

리듬악기를 이용한 유아음악활동의 기초

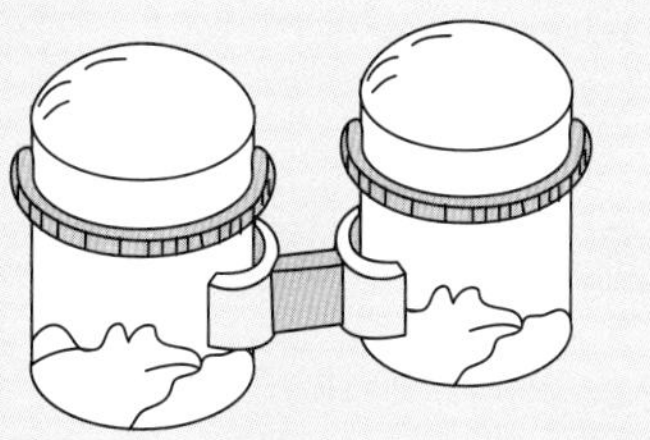

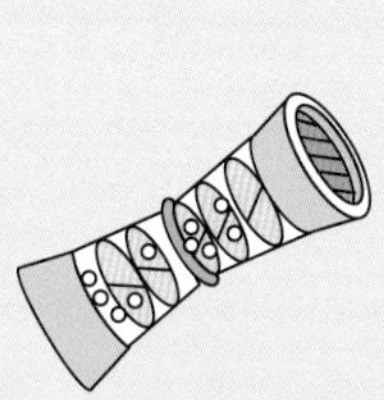

Chapter 1

리듬악기를 이용한 유아음악활동의 의의

유아는 늘 주변으로부터 많은 소리들을 경험한다. 그들은 주변에서 나는 소리에 관심을 보일 뿐 아니라 소리 나는 물체에 호기심을 가지고 만져보거나 스스로 소리 내보기를 좋아한다. 그러므로 유아가 다양한 물체나 도구를 이용하여 소리를 만들어 내려는 것은 자연스런 현상이다. 유아들은 악기 다루기 활동의 초기에는 소리 나는 물체나 악기를 단순히 두드려 보거나 흔들어 봄으로써 발생되는 소리를 탐색하지만, 시간이 흐를수록 악기들의 소리를 구별하게 되고 적절한 방법으로 소리를 만드는 법을 배우게 된다.

유아기는 음악적 감수성이 가장 민감한 시기이다. 이 시기의 악기 다루기는 유아에게 시각적, 촉각적, 청각적 경험을 제공하며 창의적 자기표현을 통하여 유아의 상상력과 표현력을 신장시킴으로써 음악적 능력의 발달뿐 아니라 신체적, 정신적 발달을 유도함으로써 궁극적으로는 유아의 전인적 발달을 도모한다.

유아는 연령과 발달수준에 따라 악기를 다루는 것이 제한적이다. 악기 연주에 있어서 유아는 리듬에 대한 감각을 먼저 습득하고 눈과 손의 협응력이 발달하면서 비로소 악기를 연주할 수 있다. 또한 신체발달에 있어서 어린 연령일수록 소근육의 발달이 충분치 않으므로 악기의 종류, 악기 다루기 방법 등이 제한적이다. 그러므로 어린 연령 유아들의 악기 다루기는 소리탐색에서부터 시작되어 발달단계에 따라 점차 리듬악기 다루기와 가락악기 다루기 및 리듬합주의 단계까지 발전된다.

리듬악기는 소리의 탐색이나 악기를 다룸에 있어서 비교적 용이하면서도 음색, 빠르기, 셈여림 등 여러 가지 음악적 표현을 가능하게 하는 유아에게 유용한 악기이다. 유아는 리듬악기 놀이를 통하여 리듬감은 물론 프레이즈감, 음감, 빠르기와 셈여림에 대한 감각이 신장되고 음색, 음정, 리듬, 템포 등 음악의 기본요소에 대한 개념이 형성된다. 특히 리듬 합주는 박자감, 리듬감은 물론 다른 악기와 맞추는 과정에서 유아로 하여금 소리의 어우러짐에 대한 심미감을 맛볼 수 있도록 하며 타인과의 협력적인 태도를 가지게 한다.

Chapter 2

유아에게 적합한 악기와 연주 방법

1. 유아에게 적합한 악기

2. 연주 방법

1 유아에게 적합한 악기

악기나 주변의 소리 나는 물체들은 유아들에게 모두 훌륭한 음악적 놀이 도구이다. 어린 연령의 유아에게는 악기와 소리 나는 물건의 구분이 뚜렷하지 않다. 그러므로 유아를 위한 리듬악기의 범위에는 기존의 리듬악기 범위를 넘어서서 생활 주변의 소리 나는 다양한 도구들이 포함될 수 있다. 예를 들면 요구르트병이나 생수병, 계란 케이스 같은 플라스틱 제품들은 쉽게 접할 수 있는 대용품들이며 이외에도 도마나 주전자, 냄비, 프라이팬 등 두드려서 소리 내는 주방용품들, 두꺼운 종이 상자 등은 악기의 대용으로 좋은 도구들이다.

유아의 악기연주능력은 신체발달단계와 관계가 깊다. 유아는 청감각을 통하여 음색과 리듬에 대한 감각을 먼저 습득하고 눈과 손의 협응력이 발달하면서 악기를 다룰 수 있게 된다. 유아의 손가락 끝의 기능발달은 8세부터 상승하여 9~10세에 거의 완성되나 청감각은 3세부터 급속히 발달하므로 유아에게 악기 도입은 빠를수록 좋으며 유아의 신체발달을 고려하여 연주가 용이한 악기부터 다루게 하는 것이 효과적이다. 그러므로 유아들에게는 가락악기보다 다루기 쉽고 소리 내기 쉬운 리듬악기가 먼저 도입되어야 한다. 유아의 신체발달을 고려할 때 너무 큰 악기나 무거운 악기는 피하는 것이 좋으며 다양한 소리를 경험할 수 있는 악기들을 제공하면 좋다. 또한 주변의 생활용품을 악기 대용으로 쓸 때는 반드시 유아가 사용하기에 안전한 물건인지와 위생에 문제가 없는지를 고려하여야 한다. 유아들이 주로 다룰 수 있는 악기를 분류하여 보면 다음과 같다.

1) 음정 유무에 따른 분류

유율악기는 일정한 음정을 가지고 있어 가락을 낼 수 있는 악기이다. 유율악기는 음에 대한 이해 없이 연주하는 것이 불가능하기 때문에 유아들에게는 연령이 낮을수록 매우 제한적이다. 그러나 다소 낮은 연령의 유아들이라 하더라도 건반을 치는 데 신체 발달상의 문제가 없는 범위 내에서 지정된 한두 음만을 연주하는 등 음의 사용에 있어서 제한적으로 접근한다면 불가능하지는 않다. 유아들의 연령이 높을 경우에는 잘 아는 노래를 계이름으로 불러보고 계이름과 건반을 연결시켜 연주하도록 지도할 수 있다. 그러나 이러한 활동이 유아의 능력을 넘어서는 부담스런 과제가 되지 않도록 주의하여야 한다.

무율악기는 일정한 음정을 가지고 있지 않으므로 리듬만 낼 수 있다. 리듬악기는 주로 채로 두드리거나 흔들거나 맞부딪혀서 소리 내는 것으로 유율악기보다 연주가 비교적 용이하여 어린 연령의 유아들도 다루기가 쉽다. 유아들은 이러한 악기를 통하여 소리를 탐색하고 리듬패턴을 만들어 보기도 하고 자신만의 소리를 만들어 볼 수 있다.

유율악기	• 실로폰, 피아노, 오르간, 멜로디언, 핸드벨, 터치벨 등
무율악기	• 큰북, 작은북, 트라이앵글, 심벌즈, 캐스터네츠, 탬버린, 우드블럭, 리듬막대, 마라카스, 방울, 각종 쉐이커류 등

2) 음색과 재질에 따른 분류

가죽으로 된 악기	• 핸드드럼, 봉고, 큰북, 작은북, 소고 등
쇠 · 방울 소리를 내는 악기	• 방울, 트라이앵글
흔들어서 내는 악기	• 마라카스, 각종 쉐이커류, 탬버린 등
나무소리가 나는 악기	• 우드블럭, 기로, 캐스터네츠, 리듬막대 등

3) 리듬의 강약에 따른 분류

강박에 어울리는 악기	• 트라이앵글, 심벌즈, 큰북, 소고, 꽹과리, 드럼, 징
약박에 어울리는 악기	• 작은북, 리듬막대, 우드블럭, 캐스터네츠, 탬버린, 마라카스, 핸드드럼 등

2 연주 방법

1) 악기 연주의 기본 원리

리듬악기를 연주함에 있어서 가장 기본적인 원리는 몸에 힘을 빼는 것과 반동에 의한 탄력을 이용하는 것이다. 몸에 힘이 많이 들어가 있으면 소리가 무겁고 둔해지므로 어깨, 팔, 손목 등의 힘을 빼고 유연성을 유지한 채 자연스럽게 연주해야 한다. 또한 손가락, 손바닥, 채 어느 것으로 악기를 치더라도 팔의 움직임에 있어서는 반동의 원리를 이용하여 탄력 있게 쳐서 공명이 훌륭히 이루어지도록 해야 한다.

2) 악기 연주 방법

(1) 리듬악기

① 탬버린(Tambourine)

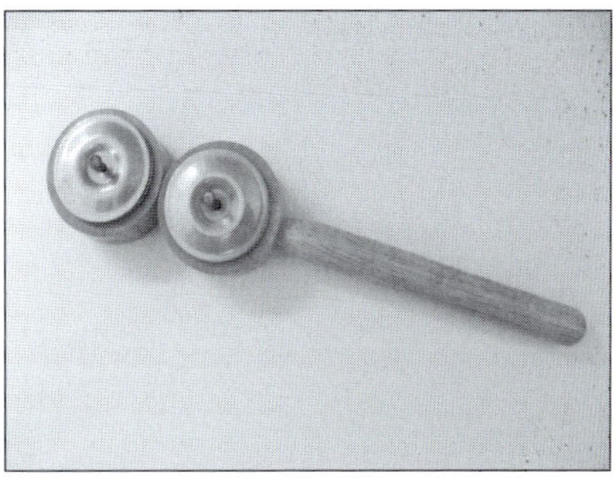

스페인에서 시작된 정열적인 악기로 북과 심벌즈의 효과를 낼 수 있는 유용한 악기이다. 탬버린은 테만 있는 것과 테와 피면이 함께 있는 것으로 두 종류가 있는데 유아에게는 후자의 것이 더 나으며 크기는 지름 20cm 정도의 것

이 좋다. 칠 때는 악기를 가슴 높이 정도에서 왼손의 엄지손가락은 테의 겉면을, 다른 네 손가락은 테의 안쪽 면을 잡고서 오른손으로 친다. 탬버린은 아래와 같이 다양한 방법으로 칠 수 있다.

- 손바닥으로 치기: 강박의 음을 치거나 세게 칠 때에 필요한 연주인데 오른손의 손가락을 가지런히 펴고 손바닥으로 피면을 친다.
- 손가락 끝으로 치기: 약박의 음을 치거나 약하게 칠 때에 필요한 연주로서 가운데 세 손가락의 끝을 약간 구부려서 자연스럽게 튕기듯이 친다.
- 트레몰로 주법: 왼손의 악기를 위로 들고서 어깨, 팔, 손목의 힘을 빼고 부드럽게 하여 좌우로 재빠르게 계속 흔드는 주법이다.
- 테 치기: 테에 달린 쇠들의 소리를 특색 있게 내기 위하여 주먹으로 가볍게 테를 쳐서 방울 같은 소리를 내는 주법인데 오른손의 주먹으로 악기를 잡은 왼손의 엄지손가락 앞을 위에서 아래로 내리친다.

연주실습

유아들은 음의 길이에 대한 이해가 부족하다. 그러므로 음표의 길이를 정확히 표현하도록 돕기 위하여 다음과 같이 음표마다 고유의 과일 이름을 붙여 읽으면서 리듬 치기를 하면 효과적이다.

파인애플　산딸기　사과　밤　대 추　끄덕 (소리 없이 고개만 끄덕)

- 파인애플: 한 음절이 "밤"과 같은 길이가 되도록 "파" "인" "애" "플"로 읽는다.
- 산딸기: 한 음절이 "밤"과 같은 길이가 되도록 "산" "딸" "기"로 읽는다.
- 사과: 한 음절이 "밤"과 같은 길이가 되도록 "사" "과"로 읽는다.
- 밤: 한 박이 되도록 읽는다.
- 대추: "밤"과 동일한 길이를 둘로 나누어 "대추"로 읽는다.
- 끄덕: 소리 없이 고개만 "밤"의 길이만큼 끄덕인다.

북면 치기 테 치기 트레몰로: 재빠르게 흔들기

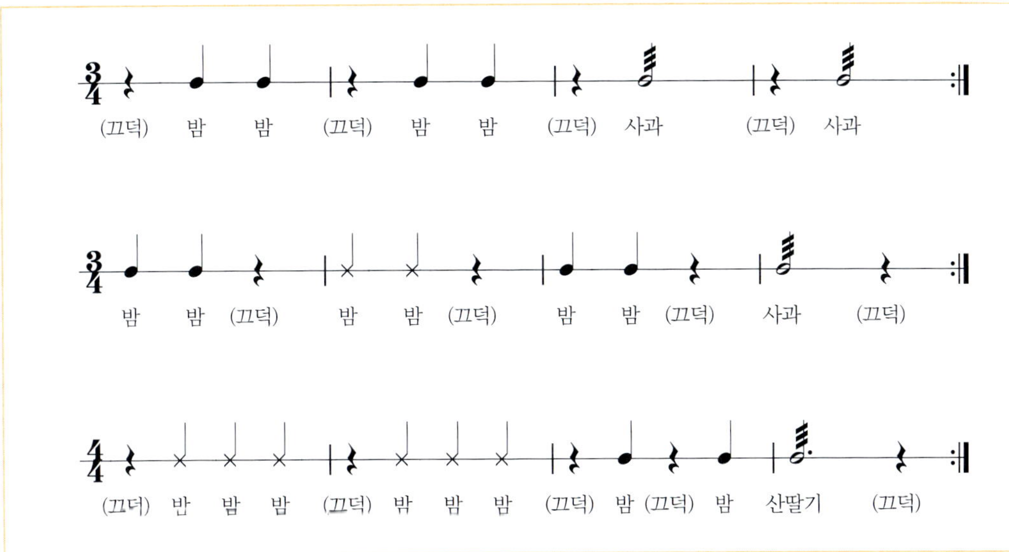

② 캐스터네츠(Castanets)

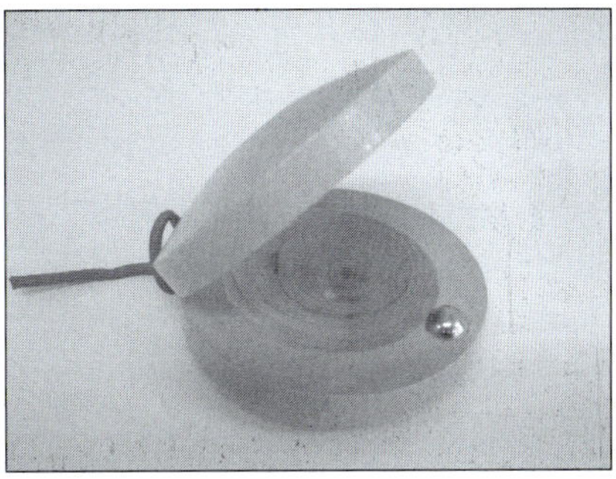

캐스터네츠는 원형으로 된 상하 두 개를 맞부딪치며 소리 내는 핸드 캐스터네츠와 자루의 끝에 핸드 캐스터네츠 모양의 것이 달려 있는 자루 캐스터네츠가 있다. 연주할 때는 캐스터네츠의 벌어진 부분이 연주자의 반대 방향, 즉 청중 쪽으로 향하게 하여 왼손바닥 위에 올려놓고 오른손은 어깨, 팔, 손목에 힘을 빼고 가운데 세 손가락으로 가볍게 튀어 오르듯이 친다.

연주실습

③ 트라이앵글(Triangle)

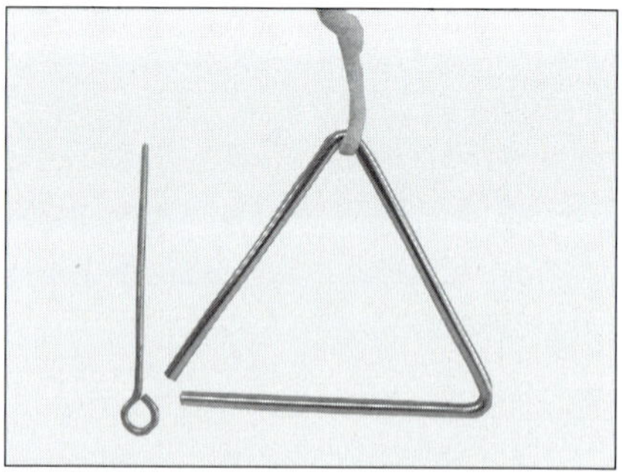

트라이앵글은 고리 줄이 너무 길면 악기가 흔들거리며 움직여서 치기 힘드므로 손가락이 들어가는 정도의 고리 크기로 조절하여 악기를 안정시킨 후 연주하여야 한다. 칠 때는 몸에 닿지 않도록 악기를 20cm 정도 떼어서 가슴 높이쯤에 두고 왼손의 둘째손가락을 트라이앵글의 고리 줄에 끼워서 든다. 오른손으로는 채를 잡아서 어깨, 팔, 손목에 힘을 뺀 후 악기 저변의 중앙에 직각으로 가볍게 내리치면 된다. 트레몰로 주법은 삼각형 모서리의 두 변을 빠른 속도로 계속 치면 된다.

연주실습

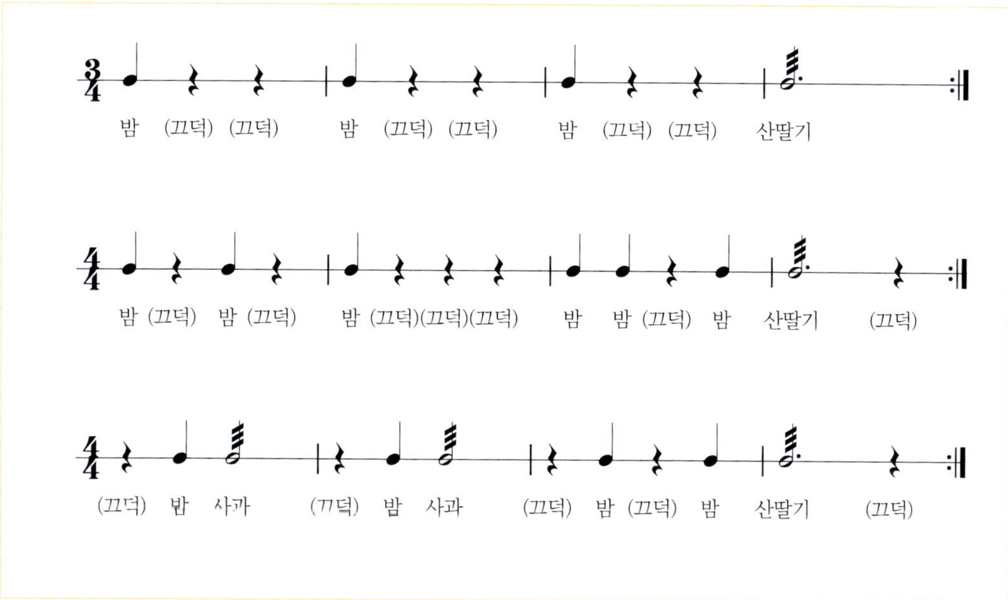

④ 우드블럭(Woodblock)

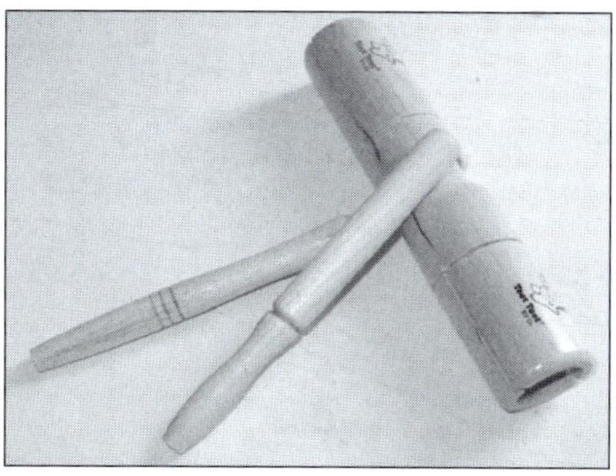

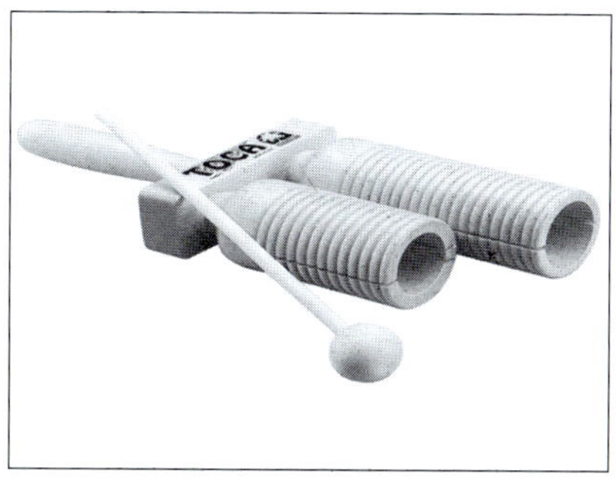

두 개의 원통이 하나에 자루에 달린 이 악기의 양면은 소리의 고저가 다르게 되어 있다. 그래서 강 약박의 음을 모두 연주할 수 있는 악기이다. 왼손에 악기의 손잡이를 쥐고 가슴 높이에 두고서 채를 잡은 오른손으로 악기의 양면을 치면 되는데 이 때 악기의 양면에 길게 갈라진 부분을 연주자의 마주 보는 방향으로 향하게 하여 연주해야 한다.

연주실습

⑤ 심벌즈(Cymbals)

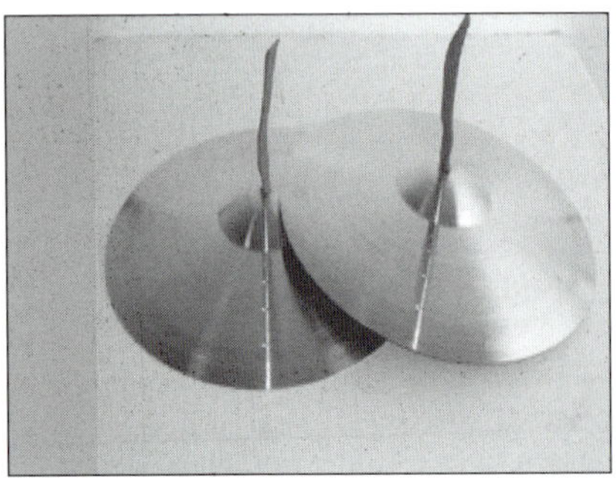

심벌즈는 크기에 따른 음량이 다른데 유아들에게는 12inch 정도의 것이 알맞다. 우선 악기를 칠 때는 끈 안으로 손을 넣고 한 바퀴 돌리면서 악기에 손이 닿지 않도록 다잡는다. 칠 때는 각 손에 악기를 한 짝씩 쥔 채 가슴의 높이에서 반동을 충분히 이용하여 상하로 엇갈리게 치거나 또는 맞부딪치게 친 후 그 여운을 그치게 하려면 앞가슴에 악기를 갖다 대면 된다. 심벌즈의 한 짝으로만 연주할 때는 왼손으로 심벌즈를 평형이 되게 고리를 위로 하여 쥐고는 오른손에 채를 들고 가볍게 퉁기듯이 친다.

연주실습

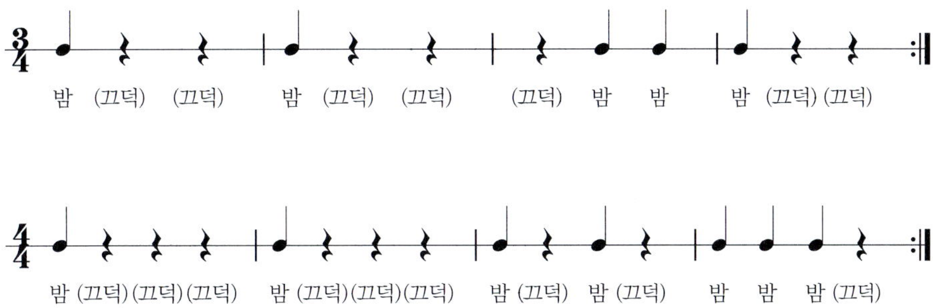

⑥ 마라카스(Maracas)

서인도 제도의 악기로 원래는 두 개의 조롱박통 안에 마른 씨앗들을 채운 악기이다. 마라카스는 한 손으로 쥐고 흔들면 소리가 나므로 어떤 악기보다도 소리 내기 쉬운 유아에게 적합한 악기이다. 어린 연령의 유아라도 마라카스를 소리 내는 것은 어렵지 않다. 마라카스는 빠르게 반복적으로 흔들어 트레몰로와 같은 소리를 내는 것이 일반적이나 박자에 맞춰 특정 리듬패턴으로 소리를 낼 수도 있다. 이때 마라카스를 쥔 손은 가슴에서

20~30cm 떨어지도록 하고 손목을 이용하여 수직으로 아래로 '톡' 흔들어 소리를 내는 형식으로 리듬을 표현할 수 있다. 리듬을 표현하는 것은 박자감과 리듬감이 발달하기 시작하는 만 3세 이후가 적당하며 초기에는 단순한 리듬패턴에서부터 유아의 발달 수준을 고려하여 차차 다양한 리듬패턴을 도입할 수 있다.

연주실습

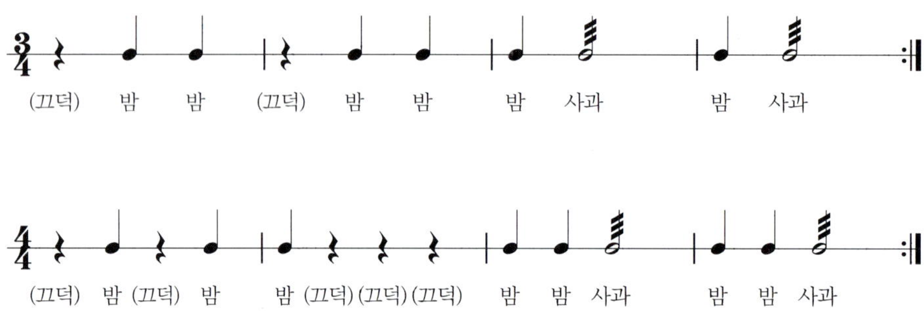

⑦ 에그 쉐이커(Egg shaker)

마라카스와 같은 원리로 된 달걀 모양의 악기로 양손에 쥐고 가볍게 흔들어 소리 낸다.

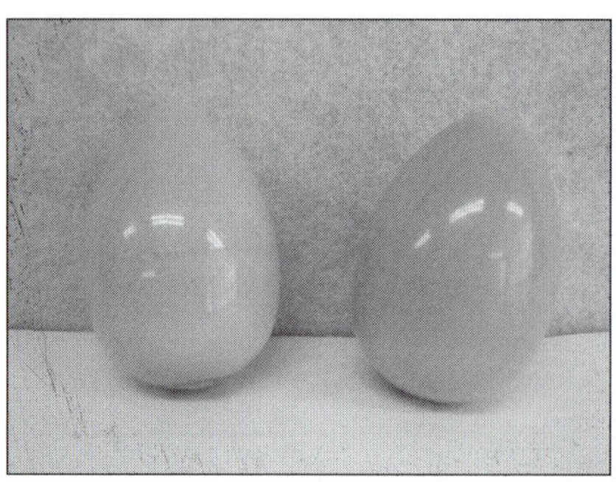

연주실습

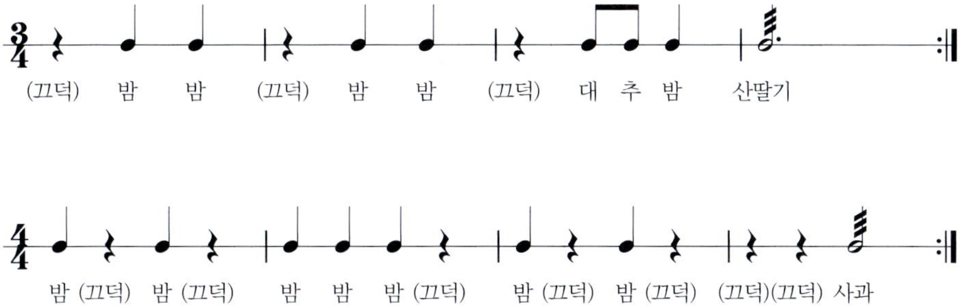

⑧ 리듬막대(Rhythm sticks)

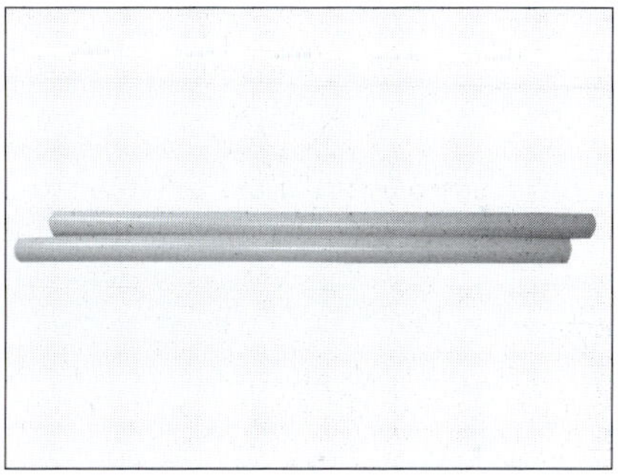

리듬막대는 유아들이 소리 내기 용이한 악기로써 두 개의 나무 막대를 ×자로 맞부딪혀 소리를 낸다. 리듬막대는 2개를 한 쌍으로 하여 리듬막대의 2/3 지점 정도를 양손에 각각 쥐고 왼손의 리듬막대를 오른손의 리듬막대로 ×자 모양으로 내려치는 방식으로 소리를 낸다. 리듬막대는 소리가 선명하므로 박이나 리듬을 표현하기에 좋다. 그러므로 규칙적인 박을 치거나 리듬패턴을 치는 데 잘 어울린다. 리듬막대는 함부로 다루면 다른 유아를 다치게 할 수 있으므로 교사는 리듬막대를 악기로서 소중히 다룰 것을 유아에게 알릴 필요가 있다.

연주실습

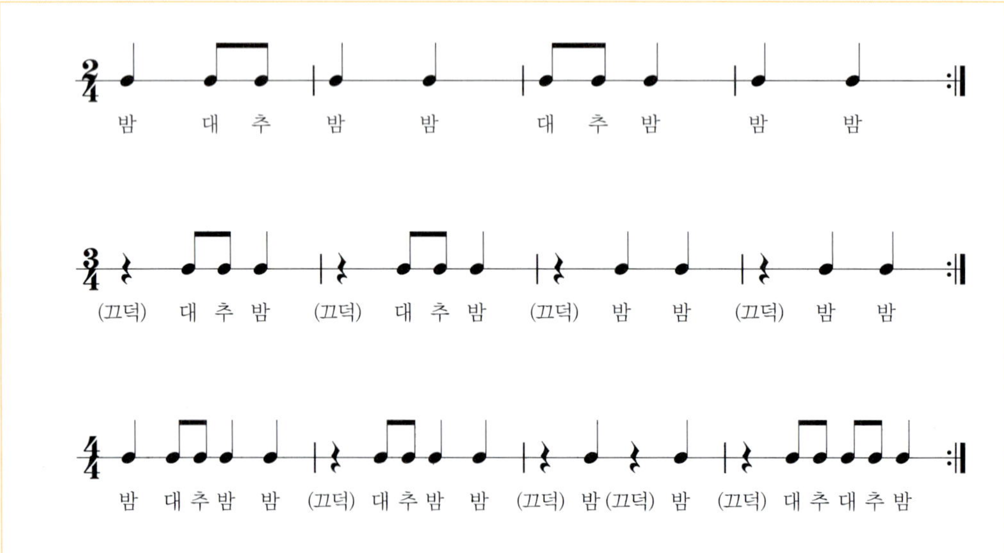

⑨ 방울(Jingles)

방울은 자루방울과 핸드방울이 있는데 주로 핸드방울을 많이 사용한다. 악기를 왼손에 쥐고 주먹 쥔 오른손으로 왼손의 주먹 위를 쳐서 방울 소리가 울리게 한다. 악기를 쥐고 있는 손목을 재빨리 흔들어 소리 나게 하는 트레몰로 주법도 있다.

연주실습

⑩ 큰북(Bass drum)

큰북은 박자를 강조할 수 있는 좋은 악기이다. 북의 테두리가 깊고 클수록 저음이 나며 북면의 가운데로 갈수록 저음이 난다. 연주할 때는 우선 연주자의 키에 알맞도록 받침대 위에 큰북을 올려놓아야 한다. 북채는 채 머리로부터 채 길이의 2/3선에 엄지와 집게 손가락으로 쥐고 어깨, 팔, 손목의 힘을 빼고 손목을 자연스럽고 부드럽게 하여 반동의 힘으로 북면의 중심부를 친다. 큰북 연주에 스타카토 주법, 트레몰로 주법 등을 활용할 수 있으나 유아들에게는 무리이다.

연주실습

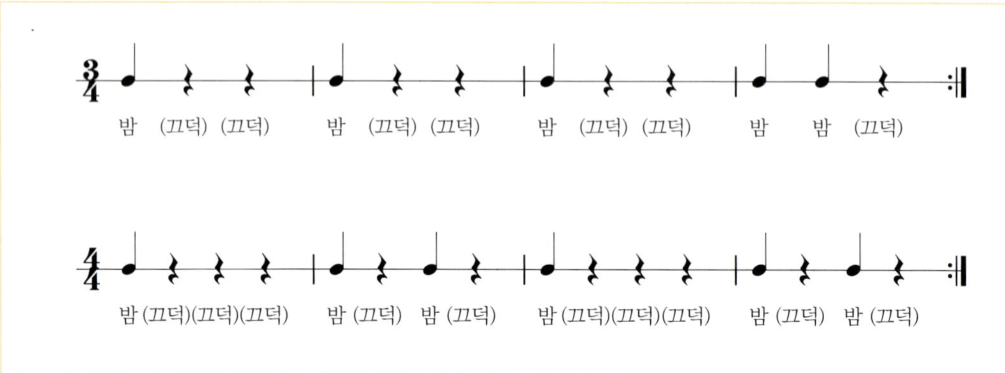

⑪ 작은북(Snare drum, Side drum)

북채를 잡을 때 왼손은 채 머리로부터 2/3선을 엄지손가락과 집게손가락 사이에 끼우고 약손가락과 새끼손가락을 구부려 받치며 오른손은 채 머리로부터 2/3선에 엄지손가락과 집게손가락으로 가볍게 잡고 나머지 손가락은 가볍게 붙이며 새끼손가락은 채에 닿지 않도록 친다. 작은북은 실제로 많은 테크닉을 요하는 악기이므로 유아에게는 오른손만의 연주에 그치거나 아니면 자유로운 손 자세로 채를 각 손에 하나씩 쥐고 두 손이 동시에 같은 리듬을 연주하도록 할 수 있다. 칠 때는 큰북과 마찬가지로 어깨, 팔, 손목의 힘을 뺀 후 반동의 원리를 이용하여 치며 북채와 가죽 면과의 각도는 15° 정도를 유지한다. 유아는 신체 발육상 작은북을 몸에 부착하고 연주하는 것이 어려우므로 연주할 때는 받침대를 만들어서 그 위에 놓고 치며 이때 높이는 유아의 허리선의 정도에 작은북이 오도록 한다.

연주실습

◆ 한 손으로만 연주하기

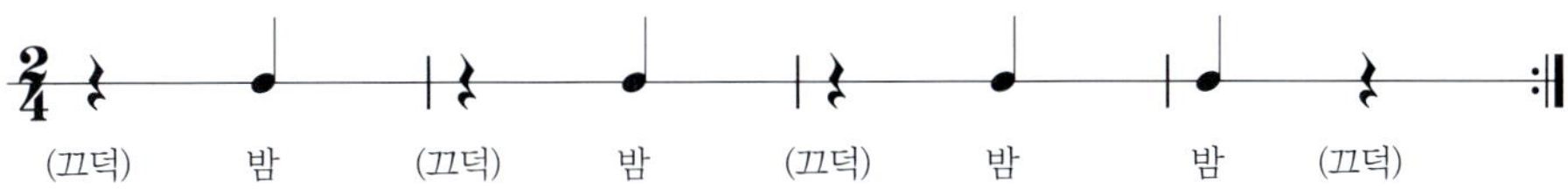

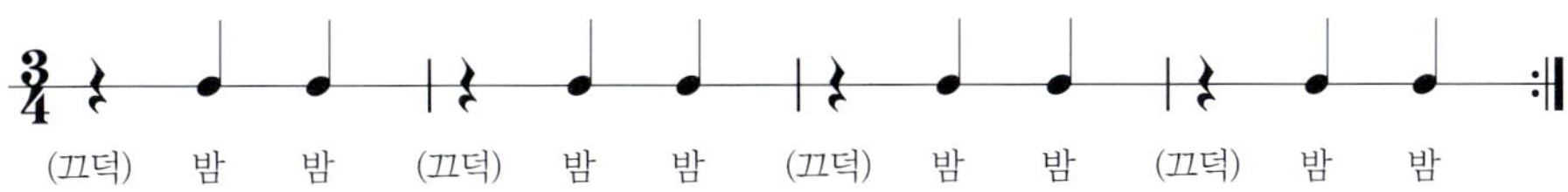

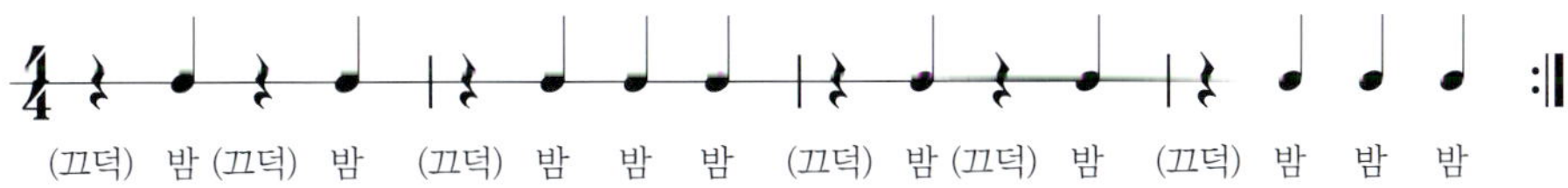

◆ 양손으로 연주하기

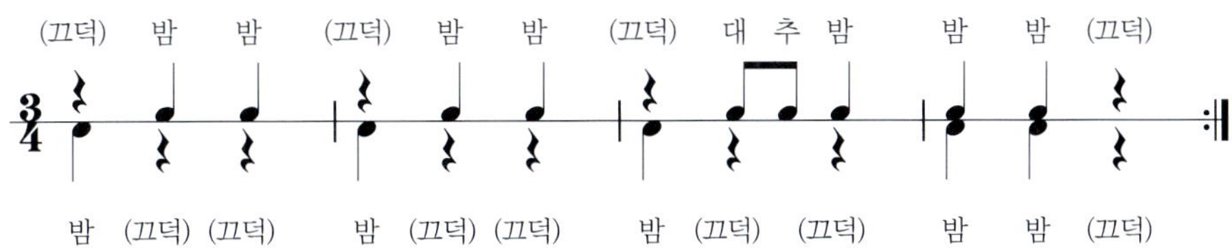

⑫ 기로(Guiro)

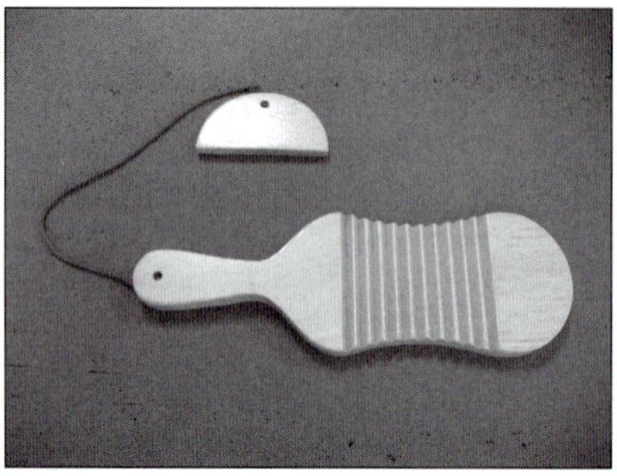

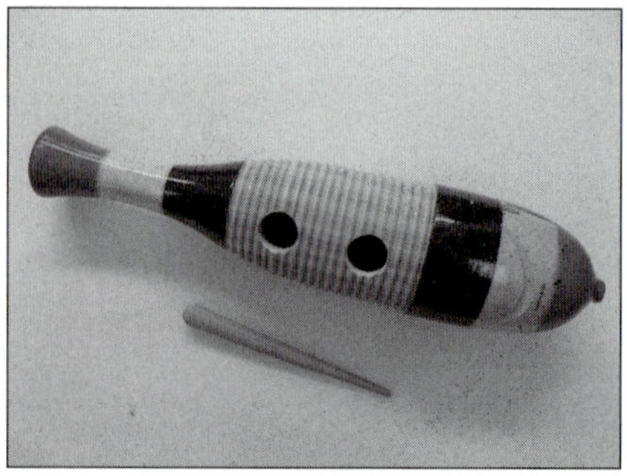

스페인 말로 '조롱박(gourd)'이라는 뜻으로 나무 재질이며 긁는 소리를 내기 위해 끝이 뾰족뾰족한 울타리 형태를 보인다. 나무로 된 북채로 긁어서 소리 낸다.

연주실습

◆ ↓: 아래로 내려 긁기　　◆ ↑: 위로 올려 긁기

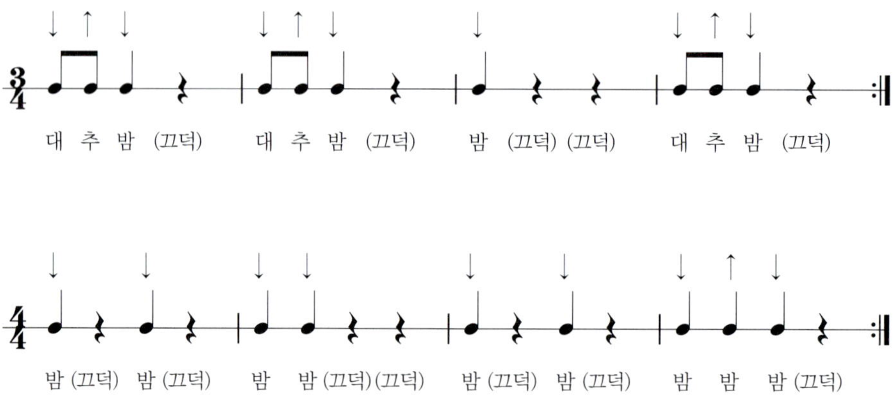

⑬ 톤블럭(Tone block)

우드블럭과 같은 원리로 같은 음색을 가지나 우드블럭이 오른편과 왼편의 음이 다른 데 반하여 톤블럭은 하나의 소리만 표현된다. 우드블럭은 가로로 쥐고 연주하며 톤블럭은 사진에서와 같이 세로로 쥐고 연주한다.

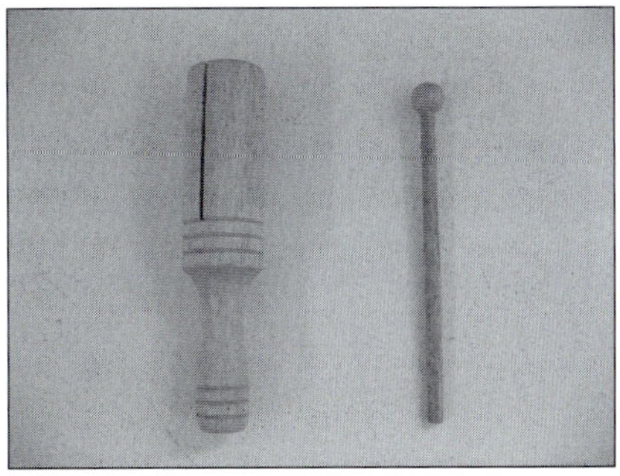

연주실습

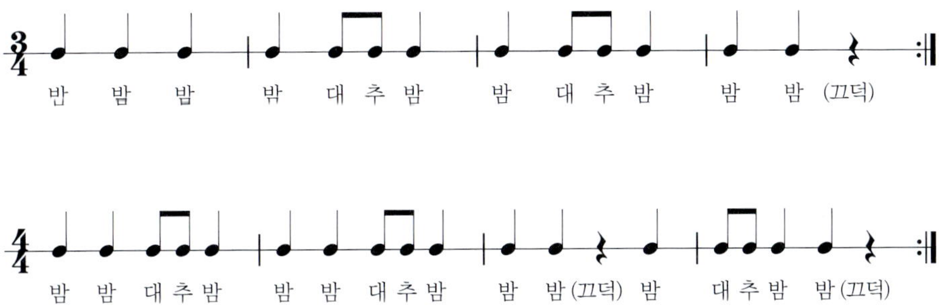

⑭ 롤리팝(Lollypop)

소고와 같은 개념의 악기이나 가볍고 작아서 유아들이 연주하기에 용이하다. 플라스틱 재질로 맑고 가벼운 소리가 나며 채로 칠 때 통통 튀는 탄력이 느껴진다. 지름이 6inch, 8inch, 10inch인 것이 있으며 유아에게는 6inch(사진)가 적당하다.

연주실습

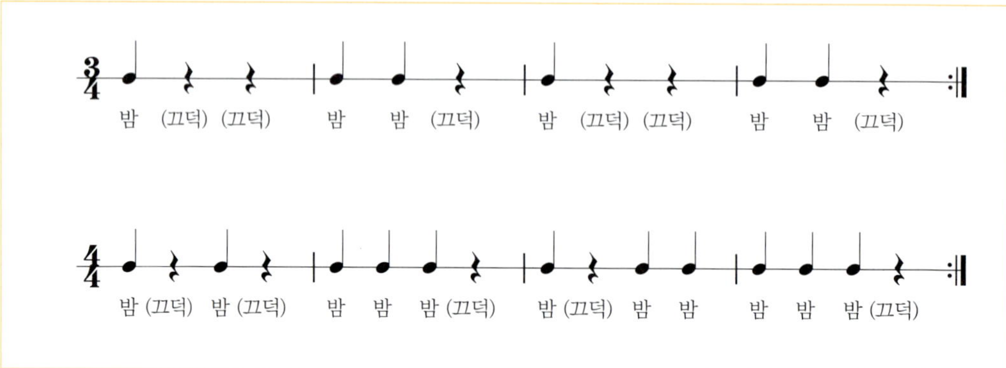

⑮ 윈드차임(Wind chime)

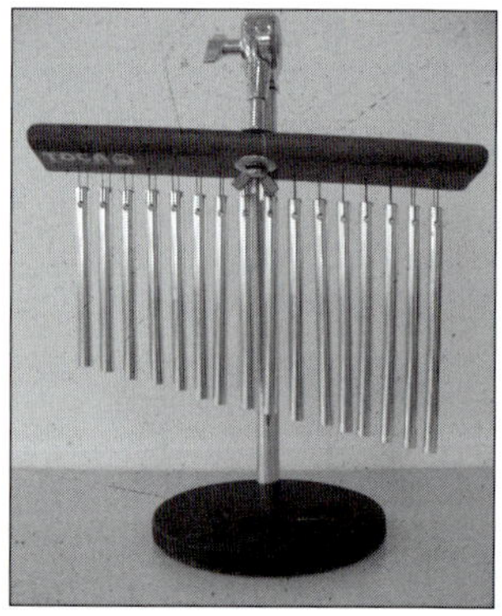

채로 왼편부터 오른편으로 가볍게 훑듯이 스치면서 소리를 낸다. 서로 다른 여러 개의 음이 연속적으로 울리면서 매혹적인 소리를 연출한다. 리듬 연주는 불가능하나 리듬 합주 시 특정 부분에서 효과음을 내기에 효과적이다.

연주실습

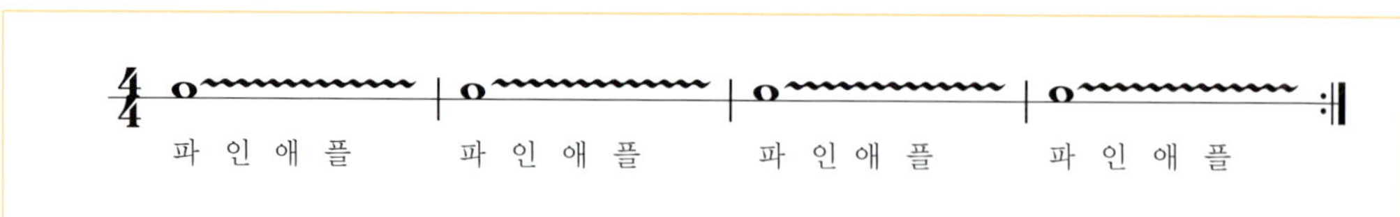

※ 왼편부터 오른편으로 가볍게 스치듯이 긁는다.

⑯ 봉고(Bongo)

주로 서인도 제도에서 사용했던 것으로 봉고드럼(Bongo drum)이라고도 하며 두 개의 북으로 이루어져 있다. 한쪽은 크고 한쪽은 다소 작게 구성되어 있으나 유아용 봉고로 크기도 작고 양쪽 북의 크기가 일정하고 가죽의 재질이 서로 달라 다른 음색을 내도록 만들어진 것도 있다.

연주실습

⑰ 돌림 실로폰(Stir Xylophone)

길이가 다른 얇고 평평한 나무 조각을 원형 받침 가장자리로 돌려 붙여 만든 원통 모양의 악기로 채를 이용하여 원통의 안쪽 벽을 가볍게 훑듯이 돌려 주면 서로 다른 소리들이 연속적으로 나면서 맑고 아름다운 소리를 연출한다. 리듬 연주는 불가능하나 리듬 합주 시 특정 부분에서 효과음을 내기에 효과적이다.

연주실습

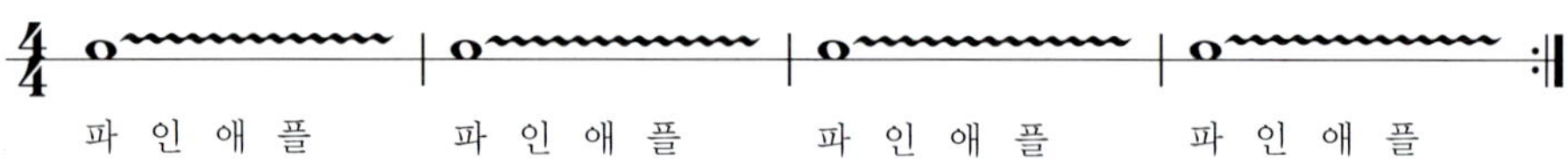

※ 채를 가볍게 쥐고 원통의 안쪽 벽을 원을 그리듯이 스친다.

⑱ 오션드럼(Ocean drum)

투명한 원통형의 북 속에 작은 구슬들이 들어 있어 북을 치면 구슬들이 진동에 의해 흔들리면서 마치 파도소리 같은 효과를 낸다. 북을 세게 치거나 여리게 치는 정도에 따라 구슬의 움직임이 달라지면서 파도소리의 강도가 달라진다. 북소리가 맑아 리듬 표현을 하기 좋으며 효과음을 표현하기에 적당하다. 원통의 내부가 잘 보이므로 구슬의 움직임을 눈으로 확인할 수 있어 흥미롭다.

연주실습

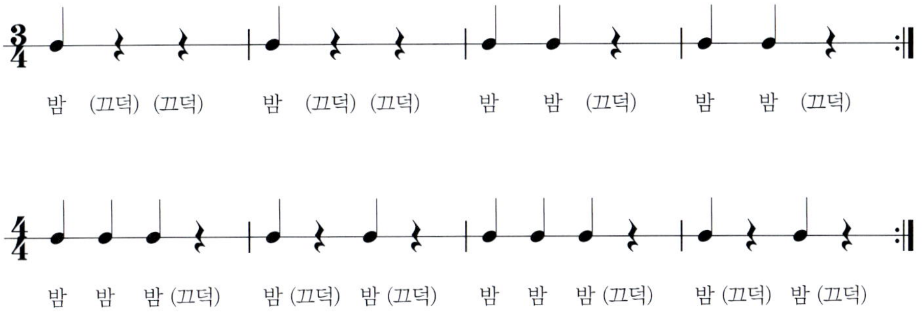

⑲ 레인스틱(Rain stick)

방망이 모양의 나무로 만든 통 속에 구슬 같은 물질들이 들어 있어 통을 양손으로 쥐고 좌우 혹은 아래 위 등으로 흔들면 마치 비가 오는 듯한 소리를 낸다. 흔드는 속도와 동작의 크고 작음에 따라 빗소리를 다양하게 연출할 수 있다.

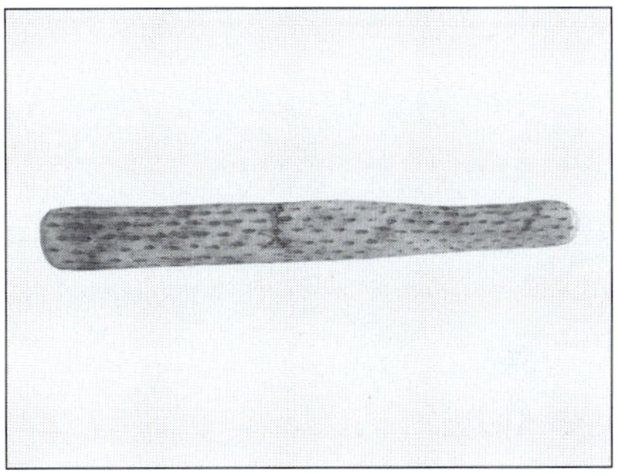

연주실습

- ↓: 레인스틱을 양손에 평행이 되도록 쥐고 왼쪽으로 서서히 60° 정도 기울인다.
- ↑: 레인스틱을 양손에 평행이 되도록 쥐고 오른쪽으로 서서히 60° 정도 기울인다.

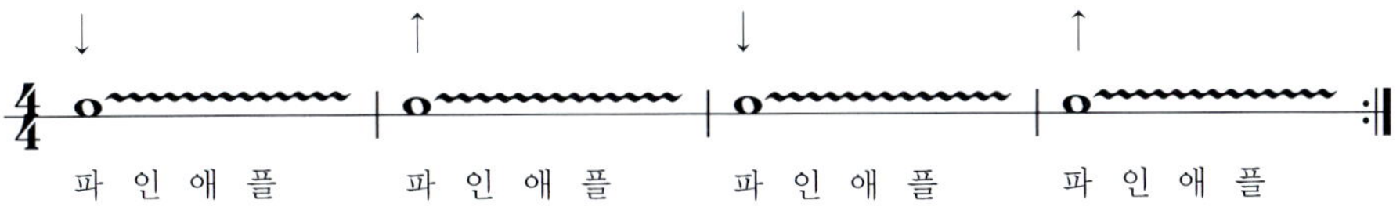

⑳ 레인 메이커(Rain maker)

레인스틱과 동일한 원리이나 가볍고 작으므로 어린 연령의 유아들에게 적당하다. 투명하여 흔들 때 내부 물질의 움직임을 확인할 수 있어서 소리 탐색에 효과적인 악기이다. 레인스틱과 함께 빗소리를 연출하기에 적당하다.

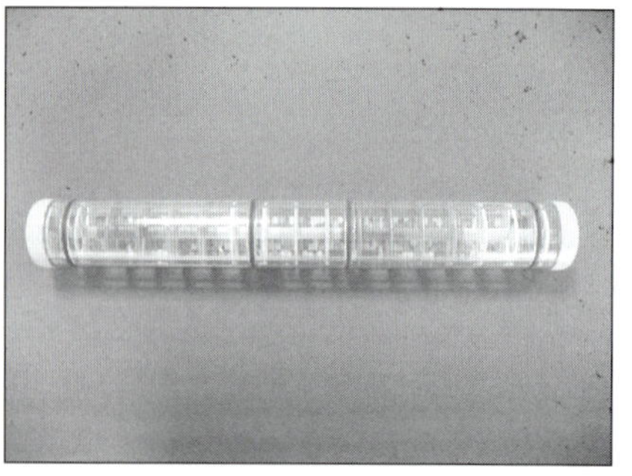

연주실습

레인스틱 연주 실습 참조

㉑ 패들드럼(Paddle drum)

마치 소고와 같이 한 손에 북을 쥐고 다른 한 손으로 채를 사용하여 친다. 악기의 크기가 다양하므로 유아의 연령에 따라 악기의 크기를 선택할 수 있다. 채로 칠 때 탄력 있게 채가 튀는 듯한 느낌을 느낄 수 있으며 맑은 소리가 난다. 리듬 합주 시에는 큰북이나 소고의 효과와 유사하다.

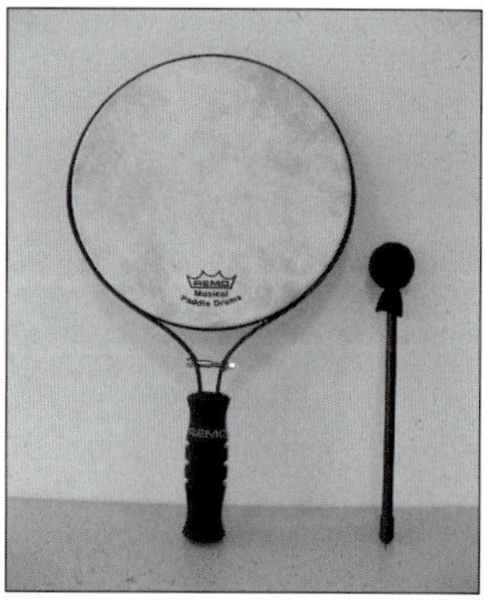

연주실습

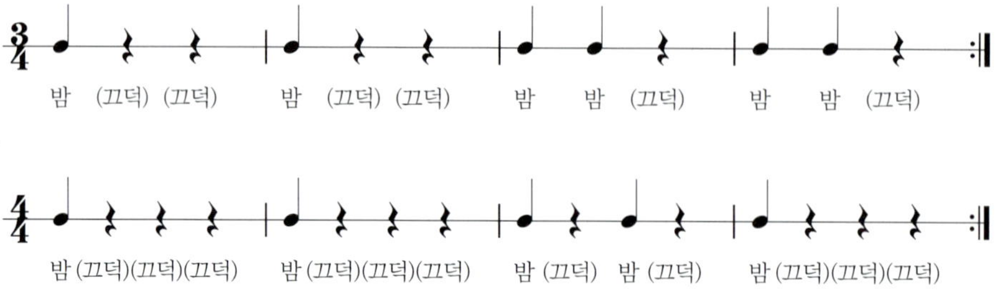

㉒ 코끼리코(Kokiriko)

일본의 전통악기로 뒷부분에 가죽으로 연결된 나무 막대가 도미노 효과를 내어 서로 부딪혀 소리를 낸다. 양끝 손잡이 부분을 양손으로 잡고 한쪽 손잡이만 움직이거나 양쪽을 번갈아 앞으로 내밀듯이 움직여서 소리를 낸다. 소리 내는 속도와 세기에 따라 다양한 느낌의 소리를 낼 수 있다.

연주실습

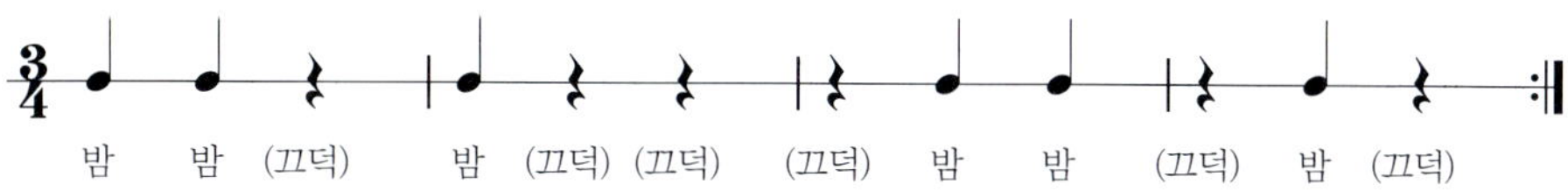

- 연주 1: 양손으로 코끼리코 양끝을 쥐고 왼손은 고정시키고 오른손을 앞으로 내밀었다 재빨리 되돌아오는 방식으로 리듬을 표현한다.
- 연주 2: 양손으로 코끼리코 양끝을 쥐고 오른손, 왼손을 번갈아 내밀면서 리듬을 표현한다.

㉓ 카바사(Cabasa)

남미의 전통악기로 겉에 도금된 강철 구슬이 둘러 있어 금속성의 경쾌한 소리를 낸다. 카바사의 막대를 잡고 반대편 손바닥 위에 카바사 구슬 부위를 대고 카바사를 돌려 손바닥에 문질러서 소리를 낸다.

연주실습

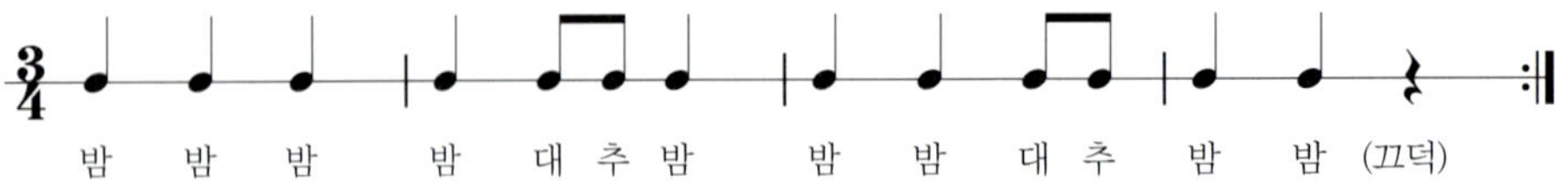

(2) 가락악기

① 실로폰(Xylophone)

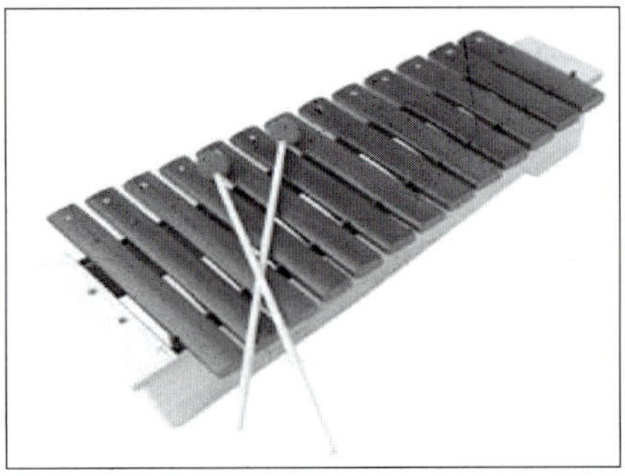

채 머리로부터 채 길이의 2/3 정도 부분을 엄지손가락과 집게손가락의 첫째 마디로 가볍게 쥐고 다른 손가락들은 자연스럽게 붙여 둔다. 두 손으로 칠 경우에는 왼손 채를 조금 위에, 오른손의 채를 조금 아래에 두고 두 채를 90° 정도 벌려서 손바닥이 아래로 오도록 하여 치나, 유아에게는 두 손 주법이 어려우므로 한 손만으로 치도록 하는 것이 좋다. 칠 때는 음판의 중간 부분을 치되, 채의 머리가 음판에서 너무 벗어나지 않도록 어깨, 팔, 손목 등에 힘을 빼고 손목을 부드럽게 움직이면서 채가 튕겨 오르듯이 치면 된다. 실로폰과 목금은 앉아서 연주하는 것보다 서서 연주하는 것이 자연스럽고 더 부드러운 몸가짐을 하게 된다. 일어서서 연주할 때는 악기가 유아들의 허리선까지 오도록 받침대에 올려놓고 연주하는데 발은 약간 벌리고 몸은 악기로부터 20cm 정도 떨어지면 좋다.

연주실습

한글을 해독할 수 있는 유아의 경우에는 실로폰 건반에 계이름 스티커를 붙이고 계이름을 보며 연주하면 용이하다.

똑같아요

(6개의 음으로 구성 – 도, 레, 미, 파, 솔, 라)

도미솔도미솔 라라라솔

파파파미미미 레레레도

작은별

(6개의 음으로 구성 – 도, 레, 미, 파, 솔, 라)

도도솔솔 라라솔 파파미미 레레도

솔솔파파 미미레 솔솔파파 미미레

도도솔솔 라라솔 파파미미 레레도

② 멜로디언(Melodyhorn)

건반악기의 원리를 이용한 것으로 입으로 불면서 건반을 누르는 악기이다. 피아노나 오르간처럼 연주하면 되는데 두 손 모두 사용하면서 연주하는 것은 유아들에게는 무리이므로 오른손만으로 연주하도록 하는 것이 좋다. 입으로 마우스피스를 불 때는 혀끝을 윗니에 가볍게 대어서 '투' '투'의 발음식으로 한다. 멜로디언은 서서 들고 연주할 수 있으나 유아들의 경우에는 악기를 책상 위에 얹어 놓고 왼손으로 악기의 왼쪽 끝을 쥐고 오른손으로 연주하는 자세가 가장 적당하다.

연주실습

실로폰과 같은 요령으로 계이름 악보를 보고 연주할 수 있다.

③ 리코더(Recorder)

리코더는 입술을 이용하여 불면서 양손가락으로 구멍을 열고 닫아 서로 다른 높이의 음을 내는 악기이므로 유아들이 가락을 연주하기에는 용이하지 않다. 그러나 단순히 입으로 불어 소리를 얻는 것은 누구나 가능하므로 가락악기로서의 기능이 아니라 하나의 단순한 소리를 얻을 목적으로는 사용할 수 있다. 그러므로 리코더는 소리 탐색의 도구가 될 수 있으며 하나의 음으로 길이를 달리하여 낼 때 리듬표현도 가능하다. 만 5세 이상의 유아들 중에는 운지법이 쉬운 간단한 몇 개의 음을 연주하는 것이 가능할 수 있다. 그러므로 리코더는 유아의 발달 수준을 고려하여 유아에게 적절한 방법으로 제한적으로 사용하는 것이 좋다.

연주실습

비행기

(3개의 음으로 구성 – 도, 레, 미)

미레도레 미미미 레레레 미미미

미레도레 미미미 레레미레도

④ 피아노(Pianoforte)

피아노는 음역이 가장 넓은 가락악기이며 화음을 연주할 수 있는 매우 유용한 악기이다. 그러나 피아노는 많은 건반을 분별하여 사용하여야 하고 손가락의 섬세한 조절기능을 필요로 하므로 연주를 위하여 보편적으로 유아에게 적용할 수 있는 악기라고는 볼 수 없다.

그러나 피아노는 무겁고 둔탁한 느낌의 낮은 음역의 음부터 맑고 가벼운 느낌의 높은 음역의 음까지 많은 음을 지니고 있으므로 소리를 탐색하는 도구로는 매우 유용하다. 그 외에 느낌이나 어떤 상황이나 소리를 묘사해 보는 데 효과적이므로 다양한 소리 만들기 활동에서 매우 효과적으로 사용될 수 있는 악기이다.

연주실습

피아노 건반에 숫자 스티커를 붙여 놓고 아래의 숫자악보를 보고 오른손으로 연주해 본다.

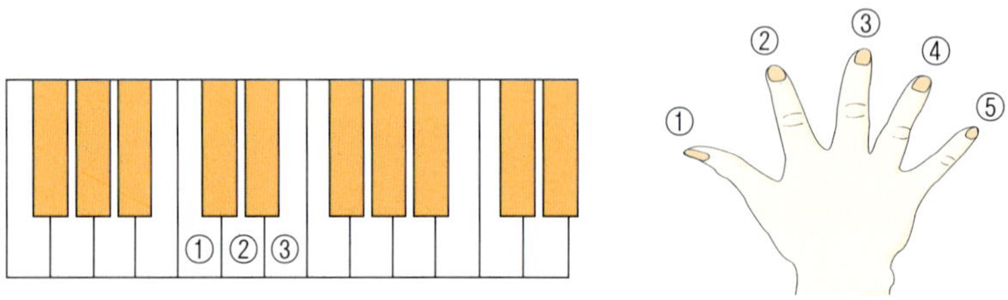

비행기

(3개의 음으로 구성 – 도, 레, 미)

3212 333 222 333

3212 333 22321

⑤ 핸드벨(Handbell)

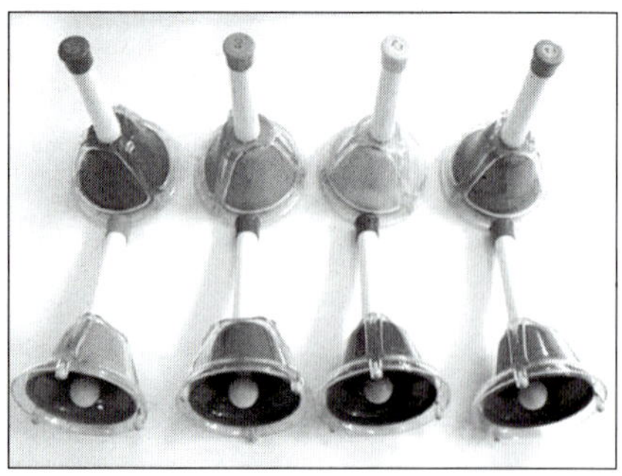

핸드벨은 음정이 있는 종(bell)으로 마라카스와 같은 방식으로 소리를 내는 가락악기이다. 다른 가락악기는 한 사람이 여러 음을 낼 수 있으나 핸드벨은 한 사람이 한 개의 핸드벨을 가질 때 한 음만을 소리 낼 수 있으므로 핸드벨 연주자 간 긴밀한 협력이 요구되는 악기이다.

연주실습

한 옥타브의 핸드벨을 각각의 유아가 한 개씩 들고 아래의 계이름 악보를 보고 해당되는 계이름의 핸드벨을 가진 유아는 손을 앞으로 살짝 내밀듯이 흔들어서 "땡(딸랑딸랑하는 여러 음이 아님)" 하고 깨끗한 소리가 나도록 해본다.

- 음계연습
  - 올라가기: 도-레-미-파-솔-라-시-도
  - 내려가기: 도-시-라-솔-파-미-레-도

작은별

(6개의 음으로 구성 – 도, 레, 미, 파, 솔, 라)

도도솔솔 라라솔 파파미미 레레도

솔솔파파 미미레 솔솔파파 미미레

도도솔솔 라라솔 파파미미 레레도

올라간 머리 내려온 머리

(5개의 음으로 구성 – 도, 레, 미, 파, 솔)

도레미파솔 솔파미레도 레레레레레파미레 도미솔

도레미파솔 솔파미레도 레레레레레파미레 도미도

나비야

(5개의 음으로 구성 – 도, 레, 미, 파, 솔)

솔미미 파레레 도레미파 솔솔솔

솔미미미 파레레 도미솔솔 미미미

레레레레 레미파 미미미미 미파솔

솔미미 파레레 도미솔솔 미미미

도도도도 무릎입니다

(5개의 음으로 구성 – 도, 레, 미, 파, 솔)

도도도도 도레미레도 레레레레 레미파미레

미미미미 미파솔파미 파파파파 파미레미파

솔솔솔솔 솔파미파솔

솔파미파솔파미파 솔파미레도

똑같아요

(6개의 음으로 구성 – 도, 레, 미, 파, 솔, 라)

도미솔도미솔 라라라솔

파파파미미미 레레레도

⑥ 터치벨(Touchbell)

핸드벨과 같은 원리이나 핸드벨이 손에 쥐고 흔들어서 연주하는 것에 반해 위에서 살짝 내려치기만 하면 동일한 소리를 얻을 수 있으므로 유아들이 손쉽게 연주할 수 있는 악기이다. 또한 핸드벨은 한 사람이 한 번에 한 음 혹은 두 음밖에 낼 수 없으나 터치벨은 한 사람이 한 옥타브 전체를 번갈아 연주할 수 있으므로 계이름만 알고 있다면 연주가 용이한 악기이다.

연주실습

핸드벨 연주 악보 참조

(3) 국악기

① 장구

장구는 허리가 가늘다고 해서 세요고라고도 부른다. 원래 명칭은 장고가 맞으나 현재는 장고, 장구로도 부른다. 장구는 북편과 채편으로 나누어지며 북편의 울림통이 채편보다 조금 크다. 장구 제작 시 북편에는 노루가죽이나 소가죽을 사용하고 채편에는 말가죽이나 개가죽을 사용하였으나 현재는 주로 소가죽을 북편 채편 모두 쓰고 있다.

연주실습

국악기는 원래 국악장단에 맞추어야 하나, 아래에 소개되는 국악기들은 단순히 리듬악기의 일종으로 취급하여 국악장단을 고려하지 않고 서양음악에서의 리듬 치기 방법을 적용하였다.

◆ 장구치기 기호

Φ (덩) 북편과 채편을 동시에 친다

ı (덕) 채편만 친다

¡ (기덕) 앞짧은 꾸밈음

○ (쿵) 북편만 친다

⋮ (더러러러) 채편을 빠르게 친다

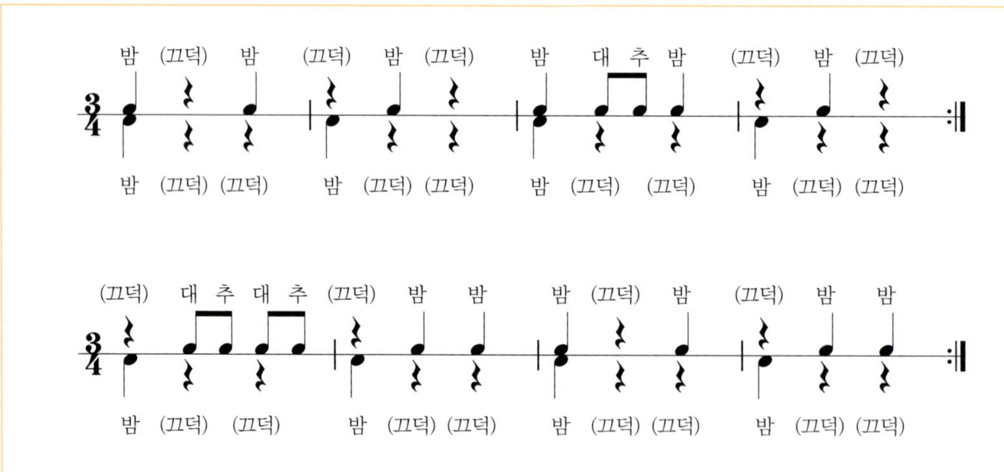

② 소고

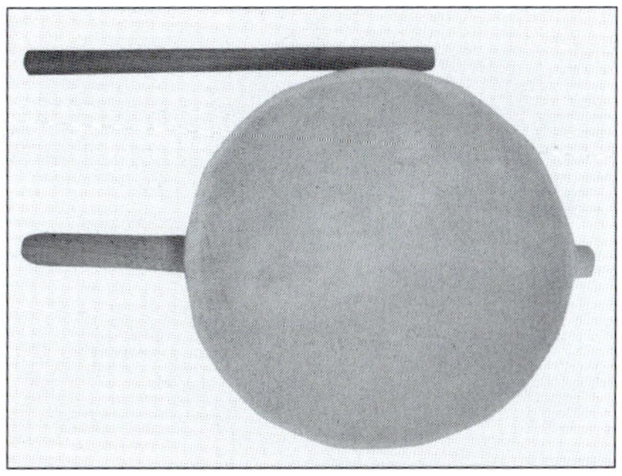

매구북이라고도 하며 크기는 지방마다 차이가 있지만 대개 지름이 20cm 정도이다. 둥근 통에 개가죽을 양쪽에 대고 개가죽 끈이나 노끈으로 꿰매어 만들며, 채는 한 뼘 길이에 손가락만한 굵기의 나무로 만든다.

연주실습

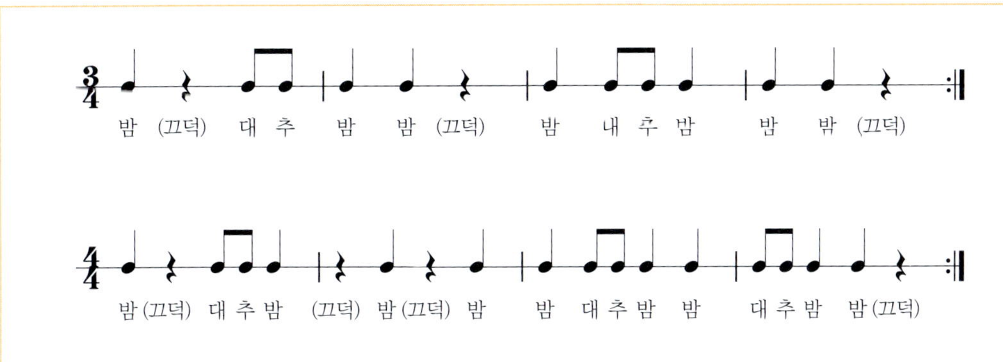

③ 북

북은 진동을 내는 막과, 막을 떠받치며 공기의 진동을 만들어내는 몸통으로 구성된다. 일반적으로 막을 채나 손으로 직접 두드려 소리를 내는 유형이 많다. 몸통의 크기나 형태, 막의 재질에 따라 음량이나 음색, 음높이가 결정된다. 음색은 막의 중앙부에서는 둔한 소리, 주변부에서는 날카로운 음이 난다. 북은 음높이를 명확하게 표현할 수 없고 음이 금방 사라진다. 그러나 박자는 정확하게 표현할 수 있으므로 독주보다는 오히려 합주에 많이 사용된다.

연주실습

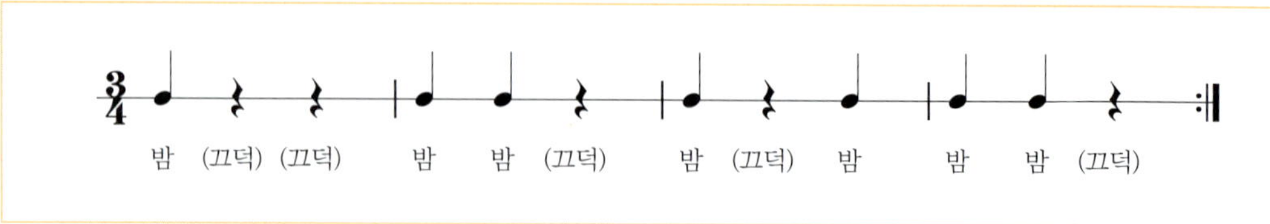

④ 징

금속의 타악기로 농악에 쓰이는 징은 지름이 37~38cm 정도이다. 징은 방짜 놋쇠로 만들며 소리는 여운이 길고 울림이 깊다. 채는 끝에 헝겊을 감아 치므로 부드러운 음색을 가진다.

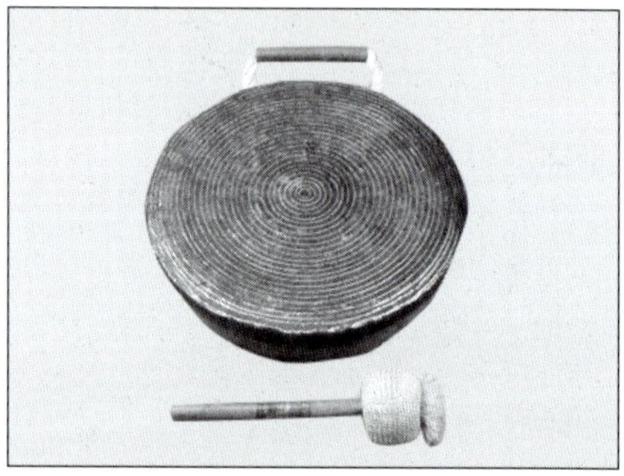

연주실습

⑤ 꽹과리

놋쇠로 만든 둥근 모양의 악기로 지름이 20cm 정도이며 징과 같은 모양이나 징보다 작다. 채는 나무로 깎아 만든다. 농악에서는 꽹과리 주자가 지휘자 격이다.

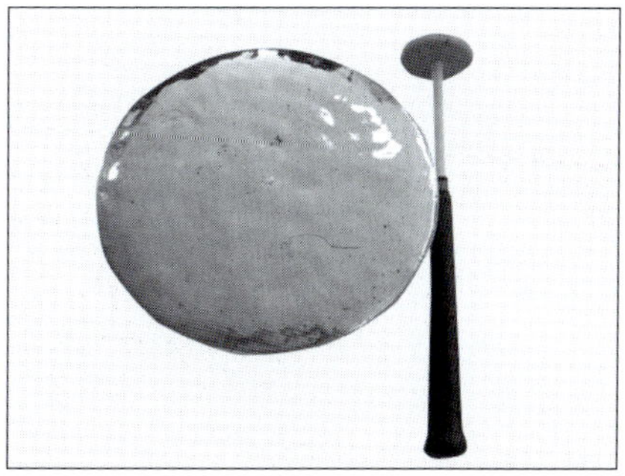

연주실습

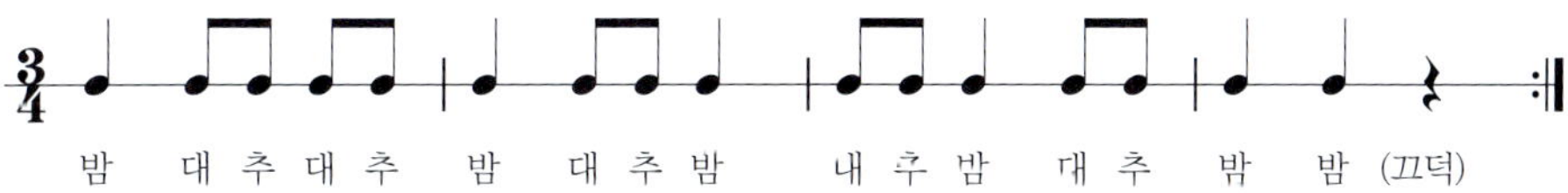

Chapter 3

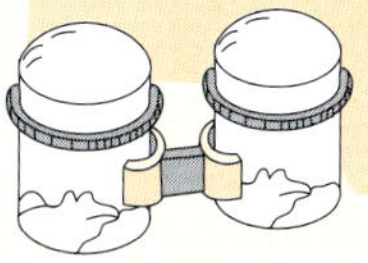

리듬악기를 이용한 유아음악활동의 내용과 방법

1. 소리탐색

2. 리듬악기 다루기

3. 가락악기 다루기

4. 리듬합주

유아들의 악기 다루기는 소리탐색으로부터 시작되어 점차 리듬악기 다루기와 가락악기 다루기 및 리듬합주의 단계까지 발전된다.

1 소리탐색

소리에 대한 가장 기초적인 탐색은 소리가 어디에서 나는지를 알고자 하는 것이다. 이것은 생후 1년 이내에 일어난다. 소리탐색과정의 초기에는 소리를 듣고 소리에 대한 호기심을 보이며 소리 나는 물체를 만져 보고, 여러 가지 물체를 두드리거나 흔들거나 마찰시켜 보는 등 다양하고 자유롭게 소리를 내보면서 소리를 탐색하게 된다.

유아들이 경험하는 이러한 소리들은 높이, 길이, 세기, 음색의 네 가지 기본 성질을 가진다. 유아들이 소리를 탐색할 때 이러한 소리의 성질이 어떻게 나타나는가에 따라 큰 소리 – 작은 소리, 높은 소리 – 낮은 소리, 무거운 소리 – 가벼운 소리, 탁한 소리 – 맑은 소리, 긴 소리 – 짧은 소리, 날카로운 소리 – 부드러운 소리, 이어지는 소리 - 끊어지는 소리, 빠르게 진행하는 소리들 – 느리게 진행하는 소리들과 같은 다양한 소리들을 경험하게 된다. 또한 소리를 내는 방법에 따라 두드리는 소리, 울리는 소리, 마찰하는 소리, 뜯는 소리, 긁는 소리, 흔드는 소리 등을 경험하며 소리 내는 물체나 발생기관에 따라 목소리, 물건의 소리, 악기소리, 음향기기의 소리, 자연의 소리, 동물의 소리 등 다양한 소리를 경험하게 된다.

소리탐색 활동 시 교사는 소리탐색을 위해 제공되는 물체들이 안전하고 견고한 것인지 먼저 확인해야 하고 물체를 마음껏 다룰 수 있는 충분한 공간을 확보하여야 한다. 활동 시 교사의 지나친 통제는 유아가 활발한 소리탐색활동을 하는 데 오히려 방해가 될 수 있다.

2 리듬악기 다루기

가락악기는 음높이에 대한 인식과 섬세한 신체조절기능을 필요로 하는 것이어서 높은 연령의 유아에게 적용할 수 있는 것인 데 비하여, 리듬악기는 유아들이 손쉽게 다룰 수 있으므로 노래 부르기 활동 시 리듬악기를 함께 연주하거나 독립적으로 리듬악기 다루기 활동이 이루어지기도 한다.

유아교육기관에서 이루어지는 리듬악기를 이용한 활동 중 가장 일반적인 것은 역시 노래를 부르며 몇몇 리듬악기를 연주해 보는 활동이다. 이러한 활동에서는 유아들이 노래 부를 때 그것이 가락악기의 역할을 하게 되며 여기에 리듬악기가 어우러져 훌륭한 합주의 효과를 내게 된다.

리듬악기 연주를 위해서는 먼저 유아로 하여금 손뼉 장단으로 여러 가지 간단한 리듬형을 쳐보도록 하는 것이 좋다. 이러한 리듬연습은 2분 음표나 4분 음표, 8분 음표, 4분 쉼표 등의 간단한 음표에 대한 이해를 바탕으로 하여 이러한 음표들로 구성된 4박자 정도의 간단한 리듬패턴을 장단으로 칠 수 있는 단계로 진행된다. 이 과정에서 유의해야 할 것은 음표나 쉼표의 길이를 이해하는 단계가 지식적인 이해에 머무는 것이 아니라 반드시 체험적으로 이해되어야 한다는 점이다. '어떤 음표가 4분 음표이며 한 박자'라는 이해가 유아들의 실제적인 리듬 치기 활동을 끌어내는 데 도움이 되지 않는다. 음표나 쉼표의 이름을 아는 것이나 음표의 길이를 지식적으로 아는 것이 중요한 것이 아니라 소리를 듣고 시가를 구별하여 듣는 능력과 그 음표나 쉼표를 보고 시가만큼 실제로 소리로 표현할 수 있는 능력이 필요한 것이다. 이러한 활동을 통하여 유아들은 체험적으로 그 음표나 쉼표, 또는 그러한 음표나 쉼표들로 구성된 간단한 리듬패턴을 이해할 수 있게 된다.

처음에는 4분 음표나 4분 쉼표 등을 이용한 4박자 정도의 간단한 리듬형을 연습해 보고 익숙해지면 차차 2분 음표와 8분 음표 등을 도입하여 다양한 리듬형을 익히도록 한다. 음표와 쉼표의 길이를 정확하게 표현하기 위하여 다음와 같이 교사는 각 음표에 과일 이름을 넣어 음표의 길이에 맞게 읽어주면 유아들이 읽으면서 리듬 치기를 할 수 있어서 좋다. 쉼표의 경우는 소리 내지 않고 한 박자에 한 번 고개를 끄덕인다.

1) 4분 음표와 4분 쉼표

① 
밤 밤 밤 밤

② 
밤 밤 (끄덕) 밤

③ 
밤 (끄덕) 밤 밤

④ 
밤 (끄덕) 밤 (끄덕)

⑤ 
밤 (끄덕) (끄덕) 밤

⑥ 
(끄덕) 밤 밤 밤

⑦ 
밤 밤 밤 (끄덕)

2) 2분 음표의 첨가

① 
사과 밤 밤

② 
밤 밤 사과

③ 
밤 사과 밤

④ 
밤 (끄덕) 사과

⑤ 
사과 (끄덕) 밤

3) 8분 음표의 추가

위의 기본 리듬형을 리듬카드로 제시하고 읽으면서 손뼉장단을 치는 일을 평소에 놀이 형식으로 꾸준히 익힌다면 동요를 부르면서 한 장의 리듬카드에 제시된 간단한 리듬패턴을 연주하는 것이 그리 어렵지 않을 것이다. 이것이 익숙해지면 교사는 손뼉 대신 간단한 리듬악기를 유아들에게 주어 리듬형을 쳐보도록 한다. 처음에는 하나의 리듬카드로 전체가 같은 리듬형을 연주하나 익숙해지면 전체 유아를 두 그룹으로 나누어 서로 다른 리듬형을 연주하게 한다. 이 때 노래와 어우러지는 멋진 리듬의 조화를 맛볼 수 있다. 좀 더 높은 연령에서는 동시에 연주할 수 있는 리듬형을 좀 더 늘려서 몇 파트로 구성할 수 있다.

3 가락악기 다루기

음악적 능력에 있어서 가락악기는 원칙적으로 악보를 읽을 수 있는 능력을 가지고 있어야 연주가 가능하다고 볼 수 있다. 높은 연령의 유아들 중에는 피아노 공부를 하고 있는 유아들이 제법 많이 있으므로 이러한 경우에는 어느 정도의 독보력을 가지고 있다고 볼 수 있다. 그러나 이것을 일반적인 경우라고는 볼 수 없다. 또한 독보력이 있다 하더라도 악보를 보아가며 음을 찾아 소리 내는 일은 유아가 부담 없이 즐길 수 있는 일이라기보다는 자칫 무거운 학습이 될 수 있으므로 다수의 유아들에게 가능하고 손쉬운 방법의 가락악기 연주 방법이 도입될 필요가 있다.

가락악기들 중 실로폰은 다른 악기에 비하여 유아들의 접근이 가능한 악기이다. 우선 실로폰은 채를 가지고 두드리므로 손가락을 사용하지 않아서 연주하기 쉽다. 반면에 피아노는 손가락 근육의 발달이 충분치 않은 유아들로서는 그리 쉽지 않으며 멜로디언은 입으로 불면서 손가락을 놀려야 하므로 더욱 어렵다. 그러므로 연주하기 용이한 가락악기부터 도입하고 유아의 발달 정도를 보아 피아노와 멜로디언 순으로 도입하는 것이 좋다.

독보력 없이 가락악기를 연주하는 방법으로는 색깔 악보를 만들고 실로폰이나 피아노 건반에 색깔 표시를 하여 연주해보는 것이다. 먼저 한 옥타브 내의 몇 개의 계이름으로 구성되어 있는 단순하고 유아들에게 익숙한 곡을 고른다. 그 다음, 각 음들의 서로 다른 색을 지정하여 각 음의 색깔별로 나열하여 표로 제시한 후 유아들이 건반에서 같은 색의 건반을 쳐 소리 내보는 것이다. 반드시 유아에게 익숙한 노래이어야 리듬을 표현하는 데 어려움이 없으며 유아가 소리를 낼 때 스스로 가락을 확인할 수 있다. 이를 위한 가장 간단한 노래는 '비행기'로 이 곡은 '도, 레, 미'의 세 음으로만 구성되어 있으므로 세 개의 색깔로 표시된 그림악보로 쉽게 연주가 가능하다. 다음은 '비행기' 노래의 색깔 악보 예이다. 색깔 악보를 만들 때 음높이를 고려하여 만들면 더 좋다. 다음은 '도'는 빨강색(●), '레'는 파랑색(●), '미'는 노랑색(●)으로 표시한다고 할 때의 악보이다.

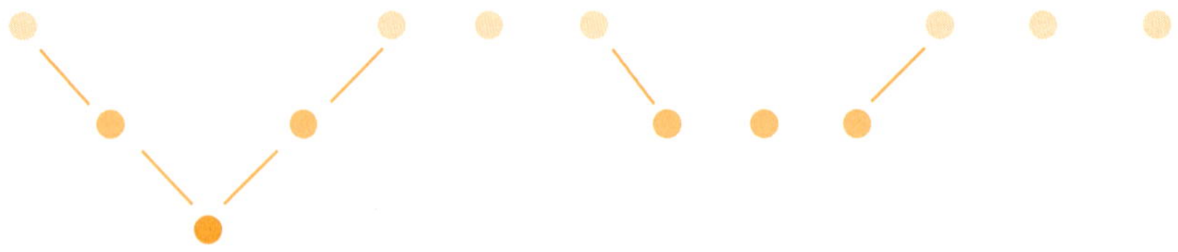

떴 다 떴 다 비 행 기 날 아 라 날 아 라

4 리듬합주

리듬합주는 노래 부르기와 달리 여러 악기와 여러 가지 리듬이 결합되므로 유아에게 힘든 활동이라는 선입견을 가질 수 있다. 그러나 합주의 범위와 단순한 정도에 따라 만 3세 정도의 어린 유아에게도 적용이 가능한 합주의 방법이 있는가 하면 초등학생에게 적합한 리듬합주도 있다. 그러므로 연령에 맞는 악기 선택과 성부의 수, 리듬의 단순한 정도 등을 조절하여 연령에 맞게 적용하는 것이 필요하다. 리듬합주의 단계는 다음과 같다.

① 먼저 합주하게 될 노래의 가락과 흐름, 분위기 등을 파악하기 위하여 노래를 익히는 것이 필요하다. 악기에 상관없이 모든 유아가 연주할 노래를 익숙할 때까지 부른다.

② 노래를 부르면서 교사가 제시하는 리듬형을 손뼉 치기해 본다. 익숙해지면 같은 방법으로 몇 개의 서로 다른 리듬형을 손뼉 쳐 본다.

③ 전체를 2~3그룹으로 나누어 그룹별로 서로 다른 리듬형으로 손뼉 치며 노래 부른다. 이 과정이 익숙해지면 유아의 수준을 고려하여 리듬악기의 종류와 수를 정하고 유아들을 지정한다. 연령이 낮을수록 악기의 종류가 적어야 용이하다. 만 3세의 경우 1~2종이 적당하고 만 5세의 경우 처음에는 2~3종에서 차차 발전되면 5~7종으로까지 확대할 수 있다.

④ 노래를 부르며 한 가지 악기씩 도입하여 합주해 본다. 즉 처음에는 모두 노래 부르며 탬버린을 가진 유아만 자신들의 정해진 리듬을 연주해 보고 그 다음은 캐스터네츠로 연주해 본 후 각 악기의 연주가 모두 확인되면 이번에는 두 종류의 악기를 함께 연주해 본다. 이 과정이 끝나면 전체가 함께 연주하도록 한다.

Chapter 4

환경구성

1. 교육기관의 환경

2. 가정에서의 환경

3. 지역사회 환경

1 교육기관의 환경

기존의 상품화된 리듬악기는 물론 여러 가지 소리 나는 물체들이 유아들에게는 훌륭한 리듬악기 구실을 할 수 있다. 그러므로 다양한 소리를 통한 창의적 표현활동을 이끌어 내기 위하여 소리 나는 다양한 물체들을 구비하는 것이 좋다. 한꺼번에 많은 악기를 진열하기보다는 주기적으로 악기를 바꾸어 줌으로써 유아의 호기심을 자극하여 악기소리를 탐색할 수 있는 기회를 많이 주는 것이 좋다. 이때 주의할 점은 유아의 안전성과 위생을 고려하는 것이다. 음률영역에 배치할 수 있는 리듬악기로는 실로폰, 피아노, 오르간, 멜로디언, 핸드벨, 터치벨, 큰북, 작은북, 트라이앵글, 심벌즈, 캐스터네츠, 탬버린, 우드블럭, 리듬막대, 마라카스, 방울, 기로, 각송 쉐이커류, 각종 유아용 드럼 등이 있으며 생활 주변에서 쉽게 구할 수 있는 소리 나는 물건들로 페트병, 음료수 캔, 종이상자, 플라스틱 상자, 도마, 필름통 등 다양한 도구들이 소리탐색을 위하여 활용될 수 있다. 이러한 악기 외에 자신이 만든 소리들을 녹음하고 들어볼 수 있도록 녹음 가능한 음향기기를 비치하면 효과적이다.

음률영역에 악기를 배치할 때는 악기의 크기와 무게를 고려하여 유아가 혼자 힘으로 악기를 다루기에 어려움이 없도록 배치하여야 한다. 악기의 보관 또한 중요한데 가죽 소재의 악기들은 습도에 민감하므로 통풍이 잘 되고 너무 건조하거나 너무 습하지 않은 곳에 보관해야 한다. 목재로 된 악기는 건조한 곳을 피해야 한다. 악기는 늘 깨끗하게 닦아 두어야 음질이 변하지 않고 오래 사용할 수 있다. 목재 마라카스나 플라스틱 쉐이커류 등은 떨어뜨리면 파손될 위험이 크므로 조심해서 다루도록 지도하여야 한다. 멜로디언은 공기주입 호스를 직접 입에 물고 연주해야 하므로 위생에 각별한 주의를 요한다.

2 가정에서의 환경

가정은 유아들에게 있어서 또 하나의 훌륭한 음악교육의 장이다. 가정은 유아들이 긴장하지 않고 가장 편안한 분위기에서 아무런 방해도 받지 않고 자신이 하고자 하는 것을 마음껏 시도해 볼 수 있는 공간이다. 가정에는 기존의 악기가 아니더라도 소리를 탐색하고 소리를 만들어 볼 수 있는 많은 도구들이 있다. 그러므로 가정에서 소리 나는 물체를 이용한 다양한 놀이들이 일어날 수 있도록 유아 주변에 소리 나는 물체들을 구비해 놓으면 좋다. 이때 유아의 발달 정도와 안전성, 위생상태 등을 고려하여야 한다. 또한 소리를 통한 활동들이 활발하게 일어날 수 있도록 성인들이 놀이에 참여하는 것도 효과적인 방법이다.

3 지역사회 환경

유아교육기관이나 가정에서는 유아가 직접적인 체험을 통하여 소리를 탐색하고 악기 연주를 즐기는 반면 지역사회에서의 리듬악기에 대한 경험은 관람 등을 통한 간접 경험이 주를 이룬다. 이러한 경험은 성인의 도움이 필요하며 이러한 경험을 통하여 유아교육기관이나 가정에서의 악기 다루기 활동은 촉진될 수 있다. 우리 주변에서 유아들이 관람할 수 있는 리듬악기 관련 공연은 지역 유아교육기관이나 대학의 유아교육관련 학과의 발표회장이나 초등학교에서의 리듬합주, 그 외의 난타 공연이나 사물놀이 등이 있다.

Chapter 5

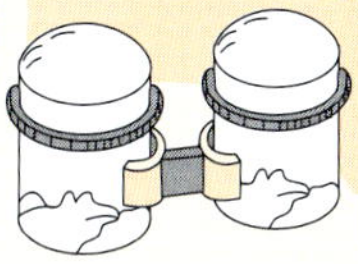

리듬악기 지도 시 교사의 유의점

① 교사는 악기 다루기 활동 이전에 유아들이 악기를 소중히 다룰 줄 아는 태도를 가지도록 지도해야 한다.

② 악기지도 시간은 자칫 소음행사로 끝날 수 있으므로 교사는 어떤 구조적인 활동들이 시도되기 전에 유아들이 자유롭게 악기를 탐색할 수 있는 많은 기회를 가질 수 있도록 미리 악기들을 음률영역에 배치해 둔다. 활동에 임할 때는 유아가 악기 소리를 창조하고 실험해 보도록 충분한 시간과 공간을 확보해야 한다.

③ 교사들은 악기를 연주하는 데 있어서 어떠한 지시를 하든지 유아들의 관심이나 필요에 항상 주의해야 한다.

④ 유아들이 악기를 다룰 때 소란스러운 분위기가 될 수 있으므로 자유로이 악기 소리를 내보는 시간과 교사에 의해 정해진 방법으로 악기를 다루는 시간에 대하여 유아가 분별할 수 있도록 한다. 특히 악기 연주 시에는 각자가 필요 이상의 악기 소리를 내는 것이 연주에 방해가 된다는 사실을 유아로 하여금 알게 할 필요가 있다.

⑤ 합주 시에는 개인의 역량이 강조되기보다는 협력과 조화가 필요하므로 교사는 전체적인 조화를 위해 유아들이 다른 유아들과 협력하고 자기 소리를 조절해야 함을 알게 한다.

⑥ 리듬악기는 손뼉이나 발 구르기 등으로 먼저 리듬 치기 연습을 한 후에 도입하면 용이하다.

⑦ 악기는 보관 시 먼지나 습기를 주의하여 청결을 유지해야 하고 멜로디언은 입을 사용하는 악기이므로 특히 위생에 신경을 써야 한다.

Part II

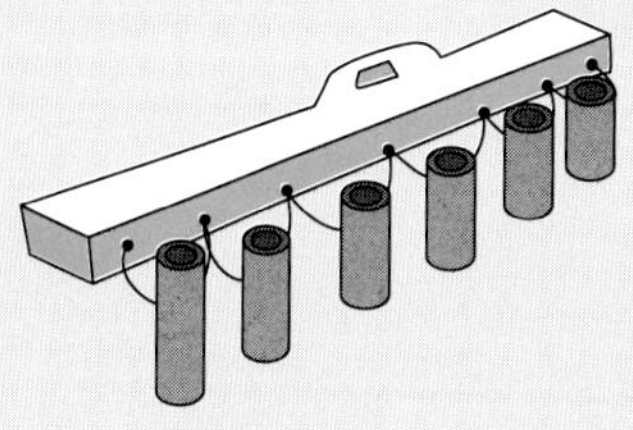

리듬악기를 이용한 유아음악활동의 실제

Chapter 6

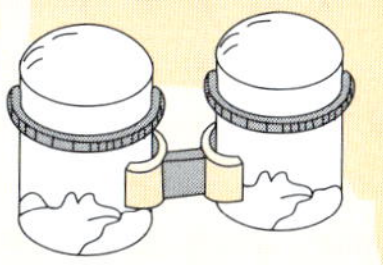

소리탐색활동

1. 요구르트병을 이용한 마라카스 놀이
2. 만물소리 상자 놀이
3. 악기소리 알아맞히기 놀이
4. 소리 만들기 놀이
5. 긴 소리와 짧은 소리 구별하기
6. 높은 소리와 낮은 소리 구별하기
7. 센 소리와 여린 소리 구별하기
8. 부드러운 소리와 날카로운 소리 구별하기
9. 느린 음과 빠른 음 구별하기
10. 소리 만들기(이야기 들으면서 상황을 소리로 표현해 보기)

1 요구르트병을 이용한 마라카스 놀이

[활동목표]

- 다양한 소리를 탐색하여 보고 다양한 방법으로 소리를 내 본다.

[준비물]

- 요구르트병이나 작은 플라스틱 병에 각각 다양한 소리를 내는 물질을 담아 만든 마라카스

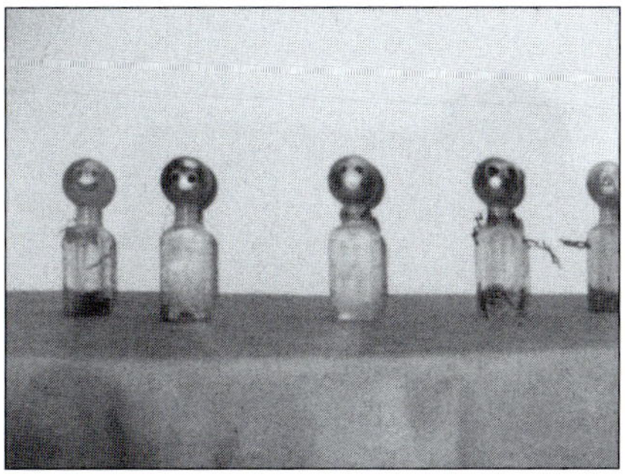

[활동방법]

① 여러 가지 요구르트병 마라카스를 흔들어 보고 소리를 비교해 본다.

② 소리에 따라 소리 내는 재료가 어떤 물질인지 생각해 본다.

③ 재료에 따라 서로 다른 소리가 나는 것을 안다.

④ 그림카드를 보며 여러 가지 방법으로 요구르트병 마라카스를 흔들어 본다.

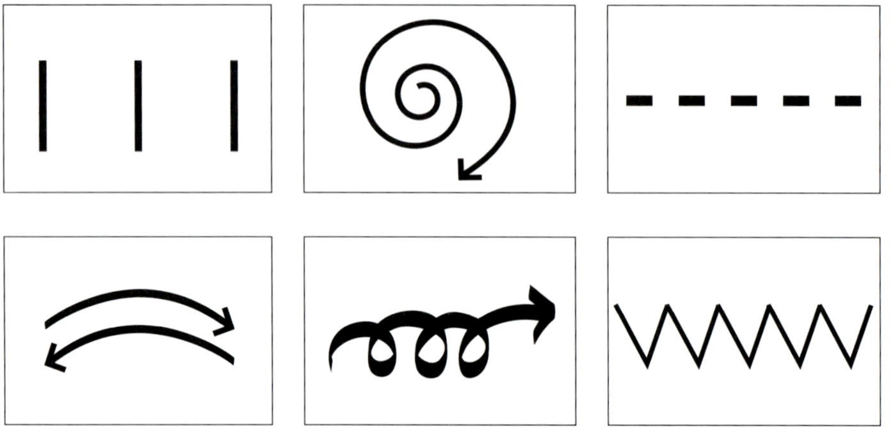

⑤ 익숙한 노래를 부르며 자유로이 마라카스를 흔들어 본다.

2 만물소리 상자 놀이

[활동목표]

- 만물소리 상자를 이용하여 다양한 소리를 탐색하여 본다.

[준비물]

- 만물소리 상자

[활동방법]

① 만물소리 상자에 달린 여러 가지 소리 나는 물체를 살펴보고 소리 내는 방법을 생각해 본다.

② 여러 가지 소리 나는 물체를 두드리거나 긁거나 쳐서 흔들어 보고, 어떤 소리가 나는지 알아본다.

③ 재료에 따라 소리가 어떻게 다른지 느껴 본다.

3 악기소리 알아맞히기 놀이

[활동목표]

- 여러 가지 악기의 소리를 탐색하여 보고 악기 이름을 안다.

[준비물]

- 캐스터네츠, 탬버린, 트라이앵글, 소고, 실로폰, 방울 등 각종 악기, 준비물에 제시되는 악기의 그림 또는 사진

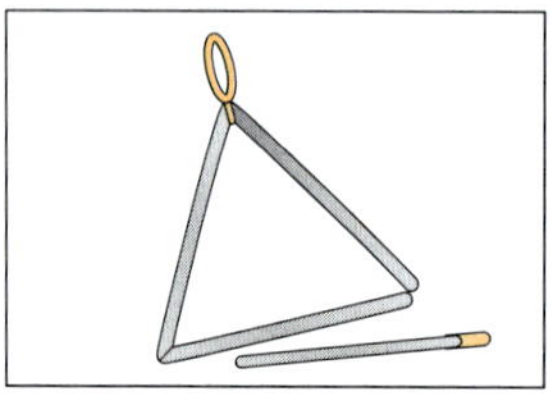

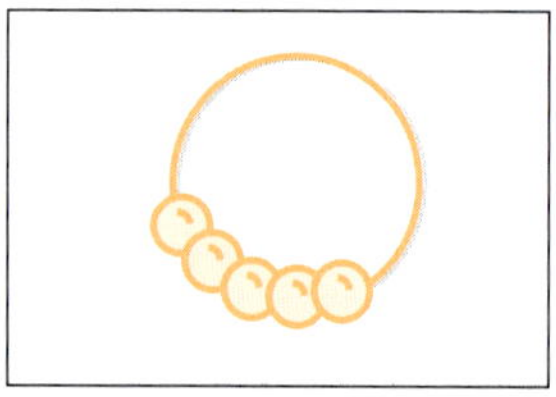

[활동방법]

① 각각의 악기에 대하여 이름과 모양을 소개하고 소리를 들려준다(유아의 연령에 따라 제시하는 악기의 종류를 3~6개 정도로 하고, 뚜렷하게 소리가 구별될 수 있는 악기로 구성한다).

② 유아들에게 보이지 않도록 가린 채 이미 제시된 악기 중 하나를 교사가 연주하면서 악기 이름이 무엇인지 말해 보도록 한다. 어린 연령의 유아들에게는 악기 그림이나 사진을 제시하고 어떤 악기의 소리인지

해당 악기를 지적해 보도록 한다.

③ 같은 방법으로 여러 악기의 소리를 듣고 악기 이름을 말해 보도록 한다.

④ 높은 연령의 유아들의 경우에는 서로 다른 두 개의 악기 소리를 동시에 들려주고 어떤 악기들인지 말해 보도록 한다.

4 소리 만들기 놀이

[활동목표]

- 여러 가지 기호카드를 보며 리듬악기를 이용하여 어울리는 소리를 만들어 본다.

[준비물]

- 각종 리듬악기

[활동방법]

① 여러 가지 모양의 기호카드를 제시하여 주고 리듬악기를 이용하여 기호에 어울리는 소리를 내보도록 한다.

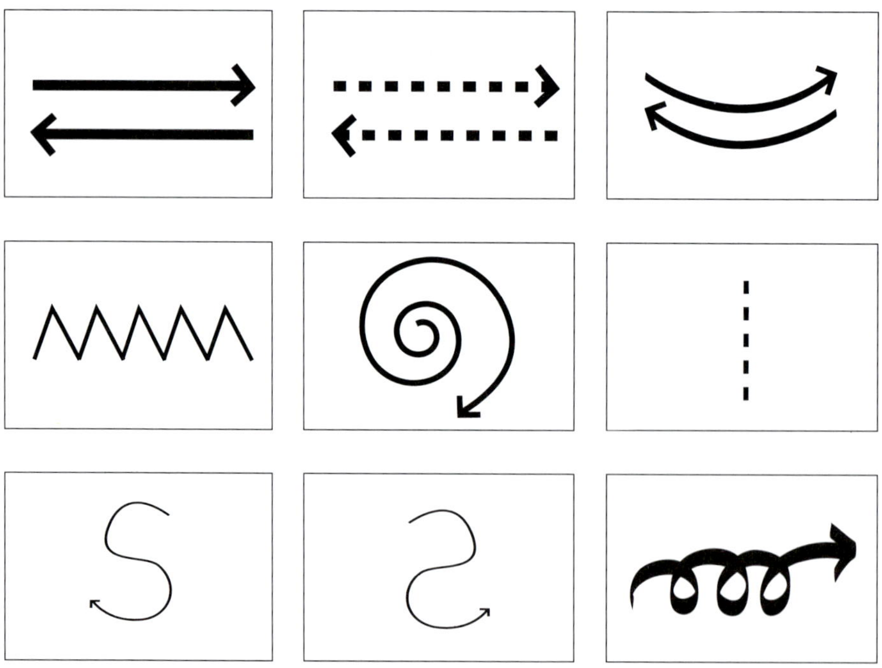

5

긴 소리와 짧은 소리 구별하기

[활동목표]

- 긴 소리와 짧은 소리를 듣고 구별할 수 있다(음의 길고 짧음에 대한 개념 형성).

[준비물]

- 건반악기, 길고 짧음을 나타내는 기호 카드 세트(유아 개인별)

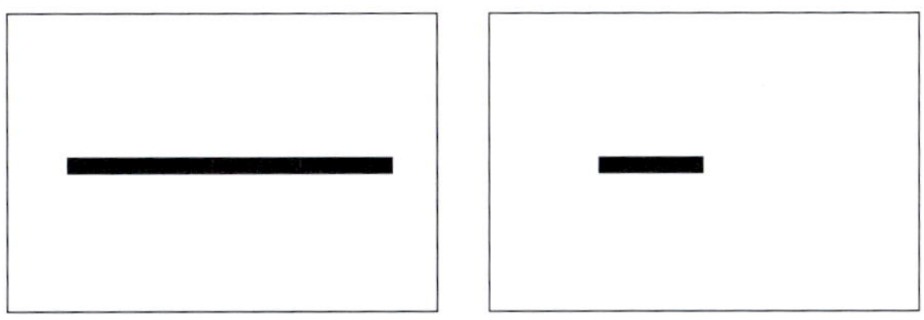

[활동방법]

① 피아노나 키보드 등을 이용하여 교사가 어느 한 음을 길게 혹은 짧게 누르며 유아들로 하여금 긴 음과 짧은 음을 구별하여 이에 어울리는 기호카드를 선택하도록 한다.

6 높은 소리와 낮은 소리 구별하기

[활동목표]

- 높은 소리와 낮은 소리를 듣고 구별할 수 있다(음의 높고 낮음에 대한 개념 형성).

[준비물]

- 건반악기, 높고 낮음을 나타내는 그림카드 세트(유아 개인별)

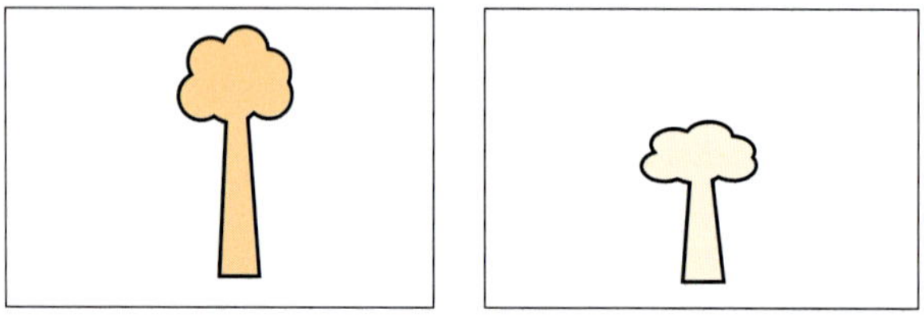

[활동방법]

① 피아노나 키보드 등을 이용하여 교사가 높은 음역의 음과 낮은 음역의 음을 쳐주고, 유아들로 하여금 높은 음과 낮은 음을 구별하여 해당되는 그림카드를 선택하도록 한다.

7 센 소리와 여린 소리 구별하기

[활동목표]

- 센 소리와 여린 소리를 듣고 구별할 수 있다(음의 셈여림에 대한 개념 형성).

[준비물]

- 소고 혹은 탬버린, 우드블럭 등 셈여림을 표현할 수 있는 악기, 세고 여림을 나타내는 기호카드 세트(유아 개인별)

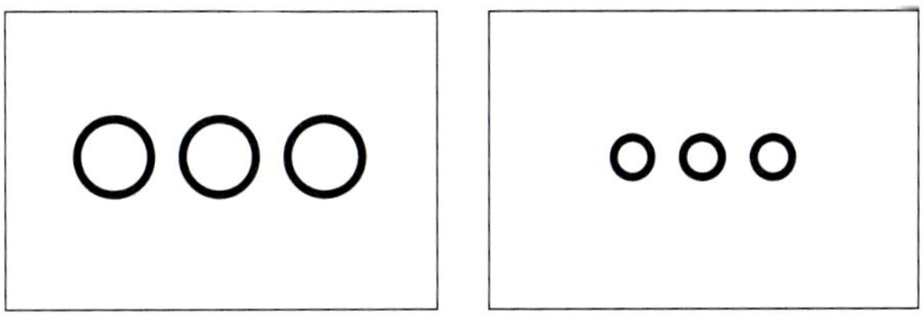

[활동방법]

① 리듬악기를 이용하여 세게, 혹은 여리게를 세 번씩 치면서 유아로 하여금 소리에 어울리는 기호카드를 선택하여 제시해 보도록 한다.

8 부드러운 소리와 날카로운 소리 구별하기

[활동목표]

- 부드러운 소리와 날카로운 소리를 듣고 구별할 수 있다(음 빛깔에 대한 개념 형성).

[준비물]

- 유아용 심벌즈(완구), 트라이앵글, 호루라기, 리코더 등 부드러움과 날카로움을 특징짓는 다양한 소리 나는 도구들, 부드러움과 날카로움을 나타내는 기호카드 세트(유아 개인별)

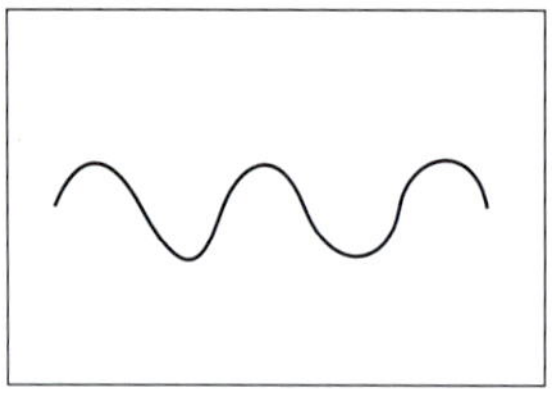

[활동방법]

① 부드러운 소리와 날카로운 소리를 대조적으로 느낄 수 있도록 여러 가지 도구나 리듬악기를 이용하여 소리를 들려준 다음, 유아로 하여금 소리에 어울리는 기호카드를 선택하여 보도록 한다.

9 느린 음과 빠른 음 구별하기

[활동목표]

- 느린 음과 빠른 음을 구별할 수 있다(속도에 대한 개념 형성).

[준비물]

- 피아노나 키보드, 음의 느리고 빠름을 나타내는 그림카드 세트(유아 개인별)

[활동방법]

① 피아노나 키보드를 이용하여 유아가 잘 알고 있는 노래 가운데 간단한 음형의 일정 부분을 느리게 치다가 빠르게 치기를 반복하여 들려준다. 그 다음, 유아로 하여금 느리고 빠름에 따라 거북이 그림카드(느림에 해당)와 토끼 그림카드(빠름에 해당)를 제시하도록 한다.

10 소리 만들기(이야기 들으면서 상황을 소리로 표현해 보기)

1 비오는 소리

[활동목표]

- 이야기를 들으며 여러 가지 악기나 소리 나는 물체를 이용하여 상황에 맞는 다양한 빗소리를 소리로 표현해 본다.

[준비물]

- 각종 리듬악기, 키보드, 기타 소리 나는 도구들

[활동방법]

① 교사는 아래의 다양한 빗소리를 유아들이 악기나 도구를 이용하여 실험하고 표현해 볼 수 있도록 한다. 다양한 빗소리를 포함하는 상황을 하나씩 제시하거나 다양한 빗소리가 나는 상황을 이야기로 엮어 들려주면서 부분마다 소리를 만들어 볼 수 있다.

• 가는 빗소리

- 표현의 예: 탬버린의 피를 매우 여리게 손가락으로 친다.

• 소나기

- 표현의 예: 소고의 피 부분을 채나 손바닥 혹은 다섯 손가락을 이용하여 세고 불규칙적이고 빠르게 친다.

• 빗방울 떨어지는 소리

- 표현의 예: 우드블럭이나 리듬막대를 이용하여 여리고 짧게 규칙적으로 친다.

• 폭풍우

- 표현의 예: 한 유아는 기로를 세고 빠르게 치고, 다른 한 유아는 탬버린의 피 부분을 다섯 손가락으로 재빠르게 좌우로 반복적으로 긁는다.

2 발자국 소리

[활동목표]

- 이야기를 들으며 여러 가지 악기나 소리 나는 물체를 이용하여 상황에 맞는 다양한 발자국 소리를 표현해 본다.

[준비물]

- 각종 리듬악기, 키보드, 기타 소리 나는 도구들

[활동방법]

① 교사는 아래의 다양한 발자국 소리를 유아들이 악기나 도구를 이용하여 실험하고 표현해 볼 수 있도록 한다. 다양한 발자국 소리를 포함하는 상황을 하나씩 제시하거나 다양한 발자국 소리가 나는 상황을 이야기로 엮어 들려주면서 부분마다 소리를 만들어 볼 수 있다.

- 멀리서 들리는 발자국 소리
- 가까이서 들리는 발자국 소리
- 가까이에서부터 점점 멀어지는 발자국 소리
- 멀리서부터 점점 가까워지는 발자국 소리

3 북소리

[활동목표]

- 이야기를 들으며 여러 가지 악기나 소리 나는 물체를 이용하여 상황에 맞는 다양한 북소리를 소리로 표현해 본다.

[준비물]

- 각종 리듬악기, 키보드, 기타 소리 나는 도구들

[활동방법]

① 교사는 아래의 다양한 북소리를 유아들이 악기나 도구를 이용하여 실험하고 표현해 볼 수 있도록 한다. 다양한 북소리를 포함하는 상황을 하나씩 제시하거나 다양한 북소리가 들리는 상황을 이야기로 엮어 들려주면서 부분마다 소리를 만들어 볼 수 있다.

- 큰북을 재빠르게 치는 소리(중요한 상황을 알리는 듯)
- 큰북을 느리게 치는 소리(어떤 약속을 알리는 상황)
- 작은북을 재빠르게 치는 소리(급한 상황을 알리는 듯)
- 큰북, 작은북을 크고 빠르게 치는 소리(축제의 분위기)

Chapter

7

리듬악기를 이용한 통합적 활동

1. 기초 리듬 연습

2. 리듬악기를 이용한 통합적 음악활동

1 기초 리듬 연습

1) 리듬 읽기 연습

우선 교사는 단순한 몇 개의 음표들을 유아에게 제시하고 각 음표에 대하여 '4분 음표, 2분 음표' 식의 음표 이름 대신 유아들에게 친숙한 과일 이름이나 동물 이름 등을 사용하여 리듬 읽기를 위한 각 음표의 이름을 정한다. 어린 연령에서는 서로 시가가 동일한 4분 음표와 4분 쉼표를 먼저 소개하고, 시간을 두고 앞의 것이 익숙해진 후에 점차 2분 음표와 두 개가 한 쌍인 8분 음표, 온음표 등의 순으로 소개한다. 8분 음표는 한 개씩 도입하면 4박자 정도의 리듬 패턴을 만들 때 복잡한 리듬패턴이 만들어질 수 있으므로 8분 음표는 당분간 항상 두 개를 한 쌍으로 나타나도록 한다.

- 리듬 읽기 연습의 예

읽을 때 교사는 각 음표의 길이에 맞는 시가로 반드시 정확하게 시범을 보여야 한다. 8분 음표 두 개인 "대추"는 4분 음표인 "밤"과 같은 길이이므로 "밤"의 시가와 동일한 시가에 "대추"를 읽어야 하며 나머지는 한 음절을 한 박으로 생각하여 읽는다. 즉 온음표는 "파" "인" "애" "플"이 각각 한 박씩이므로 각 음절의 길이를 동일하게 읽어야 하며 파인애플의 각 음절은 산딸기의 각 음절의 길이와 동일하게 표현되어야 한다. 같은 원리로 4분 쉼표는 4분 음표인 "밤"을 읽는 길이만큼 동일한 길이로 고개를 끄덕하면서 박을 세어 주어야 한다. 교사는 언제나 같은 음표를 같은 시가로 읽어 각 음표의 시가가 항상 일정함을 아이들에게 알려주어야 한다. 이것은 유아에게 설명하거나 이해시키는 방식이 아니라 전적으로 교사가 시범을 보임으로써 가능하다. 교사의 시범을 유아가 반복적으로 따라 해 보면서 유아가 고정된 박으로 읽는 것이 훈련되고 익숙해질 수 있다. 교사는 유아에게 위의 음표가 그려진 카드를 임의로 하나씩 제시하면서 유아가 일정한 박을 유지하는 가운데 그 음표에 해당하는 리듬 읽기를 해 보도록 한다. 유아는 이 과정을 여러 번 반복하면서 박자감과 각 음표 간의 상대적 길이를 체험적으로 인식하게 된다.

위의 음표들에 대한 읽기가 익숙해지면 교사는 미리 준비한 3박자나 4박자 정도의 다양한 리듬패턴이 그려진 리듬카드를 제시하여 유아들이 리듬을 연결하여 읽도록 한다.

- 3박자 리듬패턴의 예

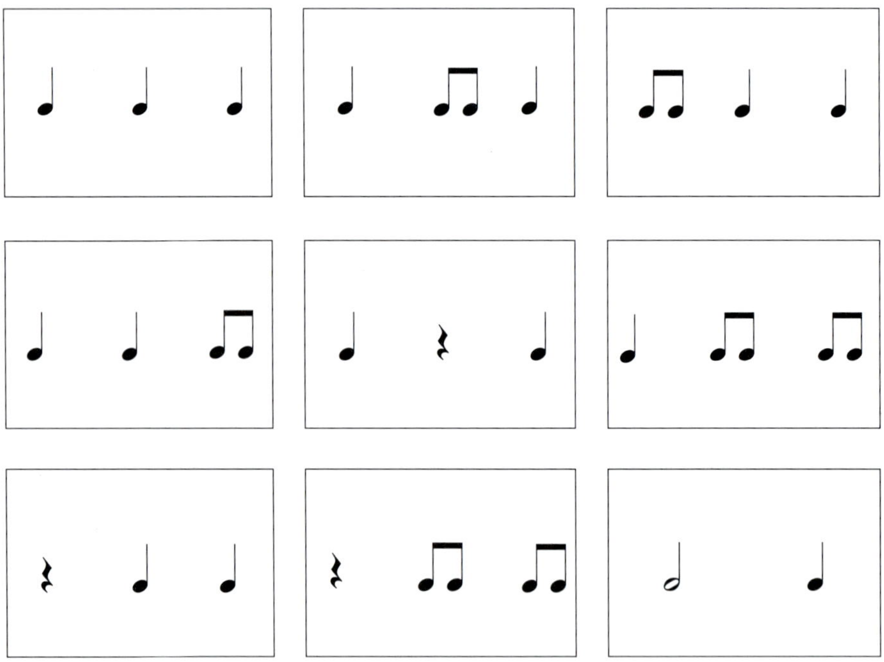

4박자 리듬패턴의 예

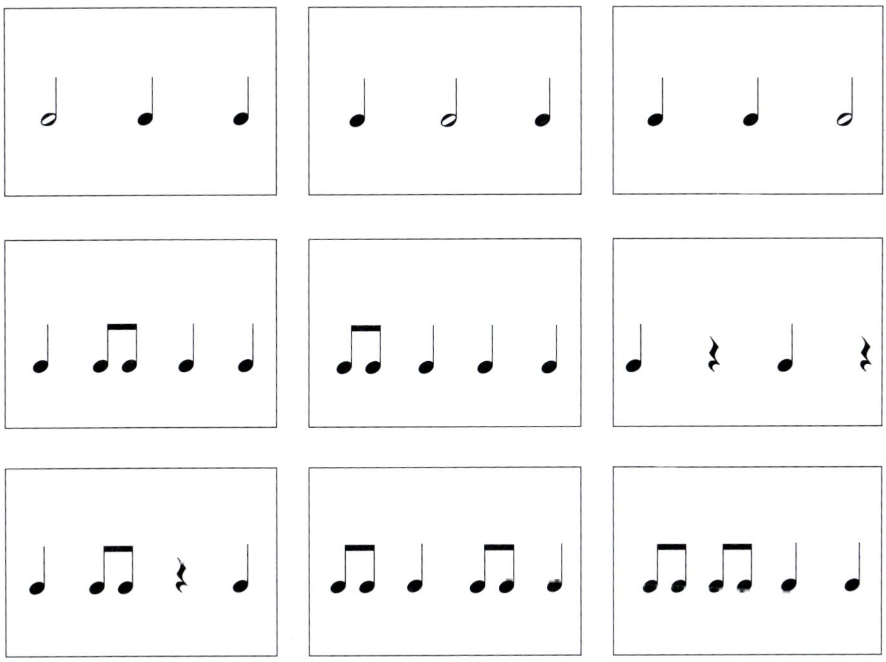

2) 손뼉 장단으로 리듬 치기 연습

위에서 연습한 3박자나 4박자의 리듬패턴을 보고 리듬 읽기와 손뼉 장단을 연결해 보는 연습이다. 유아는 리듬카드를 보면서 리듬 읽기와 동시에 손뼉으로 리듬 치기를 하고 쉼표에서는 소리 없이 고개만 끄덕하면 된다. 이때 4분 쉼표는 4분 음표의 길이("밤")와 동일한 길이여야 한다. 교사는 유아가 읽는 리듬패턴에서 각 음표의 길이가 일정하게 표현되는지와 음표와 음표 간의 상대적 길이가 정확한지를 파악해야 하며 부정확한 표현에서는 이를 교정하고 시범을 보일 수 있어야 한다. 리듬 치기가 어느 정도 익숙하여지더라도 속도가 빨라지지 않고 늘 일정한 속도를 유지하여 규칙적인 박자감이 생기도록 도와야 한다. 유아의 인지능력을 고려하여 어린 연령의 경우에는 리듬카드의 각 음표 아래에 리듬 읽기에서 사용한 해당 과일의 그림을 그려 넣어도 좋다.

이 과정 역시 처음에는 4분 음표와 4분 쉼표로 이루어진 3박자나 4박자의 리듬 패턴을 제시하고 점차적으로 2분 음표와 두 개가 한 쌍인 8분 음표, 점

이분 음표, 온음표 등을 포함하는 리듬패턴으로 확대하여 나가야 한다. 교사는 난이도 별로 다양한 리듬카드를 미리 준비하고 유아의 능력에 따라 제시할 수 있어야 하며 익숙해질 때까지 카드를 바꾸어 가며 여러 번 반복적으로 연습하도록 하여야 한다. 유아의 연령과 익숙해지는 정도를 고려하여 이러한 과정의 진행 속도를 조절하여야 한다.

손뼉 장단 이외에도 책상을 두드리거나 무릎을 치는 등 몸을 이용하여 리듬을 쳐 볼 수 있다. 몸으로 리듬 치기는 몸으로 리듬을 직접 느끼는 과정이므로 유아가 리듬감각을 기르는 데 매우 유용한 과정이다.

3) 악기를 이용한 리듬 치기 연습

위에서의 방법과 동일한 방법으로 진행하되 손뼉 장단 대신 실제로 리듬악기를 사용하여 리듬 치기를 하는 단계이다. 어린 연령일수록 다루기 쉽고 소리가 명확한 우드블럭이나 리듬막대, 소고, 캐스터네츠 등이 적당하며 높은 연령으로 가면서 유아의 능력을 고려하여 트라이앵글, 마라카스, 탬버린 등으로 악기를 확대할 수 있다. 제시된 리듬카드를 여러 번 쳐 본 후 리듬카드를 두 개씩 제시하여 연속적으로 리듬 치기를 할 수 있다. 또한 서로 악기를 바꾸어 가며 악기 연주 방법도 익히고 다양한 소리를 경험하면서 리듬 치기 할 수 있다.

2 리듬악기를 이용한 통합적 음악활동

1) 1단계 활동 (기초 단계)

(1) 3박자의 노래

교사가 제시하는 간단한 리듬형으로 리듬 치기 하며 노래 부른다.

- 먼저 과일 이름을 넣어 손뼉 치면서 리듬 읽기를 한다.
- 노래를 부르며 손뼉으로 리듬 치기를 해 본다.
- 악기를 이용하여 리듬 치기 하며 노래 부른다.

사과 같은 내 얼굴

(리듬형 예 ♫ ♩ ♩, ♩ ♫ ♩)

사과 같은 내 얼굴 예쁘기도 하지요

눈도 반짝 코도 반짝 입도 반짝 반짝

(2) 4박자의 노래

교사가 제시하는 간단한 리듬형으로 리듬 치기 하며 노래 부른다.

- 먼저 과일 이름을 넣어 손뼉 치면서 리듬 읽기를 한다.
- 노래를 부르며 손뼉으로 리듬 치기를 해 본다.
- 악기를 이용하여 리듬 치기 하며 노래 부른다.

작은 별

(리듬형 예 ♩ 𝄽 ♩ ♩, ♩ ♫ ♩ ♩)

반짝 반짝 작은 별 아름답게 비치네
동쪽 하늘에서도 서쪽 하늘에서도
반짝 반짝 작은 별 아름답게 비치네

(3) 또 다른 리듬형으로 노래 부르기

2) 2단계 활동 (심화 단계)

좀 더 긴 노래를 이용하여 다양한 방법으로 연주하는 단계이다.

(1) 여러 절로 되어 있는 노래의 각 절을 리듬형을 달리하여 연주해 보기

여름 냇가

(리듬형 예 1절: ♩ 𝄽 ♩ 𝄽, 2절: ♩ ♩ ♫ ♩)

1절: 시냇물은 졸졸졸졸 고기들은 왔다갔다
버들가지 한들한들 꾀꼬리는 꾀꼴꾀꼴
2절: 황금 옷을 곱게 입고 여름아씨 마중 왔나
노랑치마 단장하고 시냇가에 빨래 왔지

(2) 조금 긴 곡을 크게 두 단락으로 나누어 처음 부분과 나중 부분의 리듬을 달리하여 연주해 보기

창밖을 보라

(리듬형 예 처음부분: ♩ ♩ 𝄽 ♩)

창밖을 보라 창밖을 보라 흰 눈이 내린다

창밖을 보라 창밖을 보라 한겨울이···

(리듬형 예 긴긴 해가··· 부분 ♩ ♫ ♩ ♩)

긴긴 해가 다가고 어둠이 오면 오색 빛이 찬란한

거리 거리 마다 성탄빛···

(3) 유아를 두 그룹으로 나누어 서로 다른 리듬형으로 연주해 보기(2중주)

꼬마 불자동차

part I : ♩ ♩ ♫ ♩

part II: ♩ 𝄽 ♩ ♩

빨간 꼬마불자동차가 웽웽 소리 내며 갑니다

어서 길을 비켜 달라고 웽~~~~~웽

3) 3단계 활동 (다양한 응용의 단계)

(1) 쉼표의 느낌 즐기기

다음 노래를 부르며 "멈춰라" 다음 부분과 "움직이지 마" 다음 부분에서 2~3초 정도 모든 악기가 쉼을 가지도록 지도하여 연주할 때와 쉴 때의 묘미를 느끼고 합주의 즐거움을 경험하도록 한다.

그대로 멈춰라

즐겁게 춤을 추다가 그대로 멈춰 라 ← 이 부분에서 교사의 사인에 따라 2~3초간 모든 악기가 움직이지 않고 쉼

마음대로 악기 소리 내며 노래함

눈도 감지 말고 웃지도 말고

울지도 말고 움직이지 마 ← 교사의 사인에 따라 2~3초간 모든 악기가 움직이지 않고 쉼

마음대로 악기 소리 내며 노래함

(2) 악기의 어우러지는 과정 즐기기

다음 노래에서 노랫말의 "한 꼬마, 두 꼬마, 세 꼬마…" 부분이 진행될 때마다 한 악기씩(한 명씩) 추가하여 악기가 점점 더해지면서 어우러지는 과정을 즐기도록 한다(10명의 유아와 10개의 악기가 필요).

열 꼬마 인디언

한 꼬마 첫 번째 악기만 자유로이 연주	**두 꼬마** 두 번째 악기 첨가	**세 꼬마 인디언** 세 번째 악기 첨가
네 꼬마 네 번째 악기 첨가	**다섯 꼬마** 다섯 번째 악기 첨가	**여섯 꼬마 인디언** 여섯 번째 악기 첨가
일곱 꼬마 일곱 번째 악기 첨가	**여덟 꼬마** 여덟 번째 악기 첨가	**아홉 꼬마 인디언** 아홉 번째 악기 첨가
열 꼬마 인디언 열 번째 악기 첨가		

※ 처음에 한 악기로 시작하여 마지막에는 열 개의 악기 연주로 끝남.

(3) 셈여림 표현 즐기기(세게, 여리게)

다음 노래에서 아빠 곰, 엄마 곰, 애기 곰에 해당하는 부분을 서로 다르게 셈여림 표현해 본다. 리듬은 연령을 고려하여 지정하거나 자유로이 연주한다.

곰 세 마리

곰 세 마리가 한 집에 있어
자유로이 리듬 치며 노래

아빠 곰	**엄마 곰**	**애기 곰**
세게 연주	보통	여리게 연주

아빠 곰은 뚱뚱해 엄마 곰은 날씬해
세게 연주 보통

애기 곰은 너무 귀여워
여리게 연주

알콩달콩 산대요
자유로이 리듬 치며 노래

(4) 셈여림 표현 즐기기(점점 세게, 점점 여리게)

'달팽이집' 노래를 개사하여 아래와 같이 점점 세게와 점점 여리게로 변화를 주어 연주해 본다. 이때 리듬은 최대한 단순화하거나 연령에 따라 ♩ ♩ ♩ ♩ 의 리듬만 가지고 연주해도 좋다.

달팽이 집

달팽이집을 지읍시다 아름답게 지읍시다
보통의 세기로

점점 세게 점점 세게	**점점 여리게 점점 여리게**
점점 세지면서	점점 여려지면서

달팽이집을 지읍시다 아름답게 지읍시다
보통의 세기로

(5) 효과음 넣어 즐기기

노래의 특정 부분에 특정 악기를 지정하여 그 부분을 특정한 소리로 즐기기

엄마 돼지 아기 돼지

토실토실 아기 돼지 젖 달라고 꿀꿀꿀

엄마 돼지 오냐오냐 알았다고 꿀꿀꿀

꿀꿀꿀꿀 꿀꿀꿀꿀 꿀꿀꿀꿀 꿀꿀꿀꿀

꿀꿀꿀꿀꿀

※ 다른 부분은 다 같이 노래하며 모든 악기가 함께 연주(특정 리듬형으로 혹은 자유로이) 하고 '꿀꿀꿀꿀…' 부분에서만 지정된 한 악기가 연주한다. 이때 리듬은 '꿀꿀꿀꿀'의 리듬과 일치하도록 한다.

※ 악기의 예: 방울, 기로, 코끼리코, 트라이앵글 등

Chapter 8

리듬합주

1. 3세를 위한 리듬합주
2. 4세를 위한 리듬합주
3. 5세를 위한 리듬합주
4. 더 높은 단계의 리듬합주

1 3세를 위한 리듬합주

- 가을바람
- 달팽이집
- 나는 기쁘다
- 사과 같은 내 얼굴
- 서로서로 사랑하라
- 인사노래
- 곰 세 마리
- 엄마 돼지 아기 돼지
- 정글숲
- 코끼리와 거미줄
- 꼬마 불자동차
- 작은 별
- 열 꼬마 인디언
- 여기 요기
- 텔레비전
- 비행기

가을바람

김규환 작사
김규환 작곡

G7
C
뱅 글 뱅 글 뱅 글 단 풍 잎
소 근 소 근 소 근 가 랑 잎
G7
C
G7
하 늘 하 늘 하 늘 은 행 잎
수 근 수 근 수 근 오 동 잎
D.C.

1) 악기 구성

- 캐스터네츠, 롤리팝

2) 연주

악기	연주
	 연 주  읽 기 밤 (끄덕) 소리는 내지 않고 '밤'과 같은 시가로 고개만 끄떡한다.
	 연 주  읽 기 (끄덕) 밤

달팽이집

모차르트 작곡

C G7 C G7
점 점 좁 게 점 점 좁 게
C G7 C G7
점 점 넓 게 점 점 넓 게
C F C
달 팽 이 집 을 지읍 시 다
F C G7 C
어 여 쁘 게 지읍 시 다

1) 악기 구성

- 우드블럭, 캐스터네츠

2) 연주

악기	연주
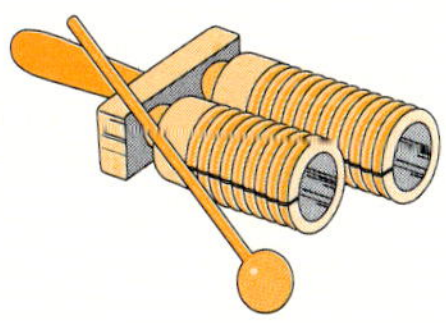	 연주  읽기 대 추 밤
	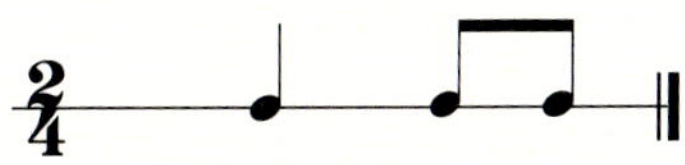 연주  읽기 밤 대 추

나는 기쁘다

외국 곡

C
G7
C
나 는 – 기 쁘 다 나 는 – 기 쁘 다
I am so ha - ppy I am so ha - ppy
G7
C
나 는 – 기 쁘 다 정 말 기 쁘 다
I am so ha - ppy ha - ppy all the day

1) 악기 구성

- 리듬막대, 롤리팝

2) 연주

악기	연주
	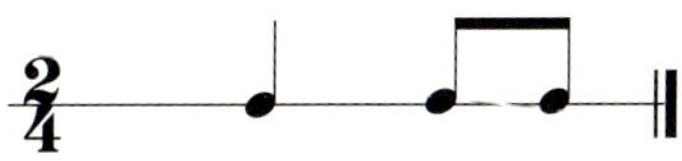 연주  읽기 밤 대 추
	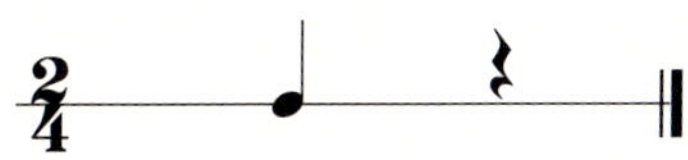 연주  읽기 밤 (끄덕)

사과 같은 내 얼굴

김방옥 작사
외국 곡
임혜정 반주

1) 악기 구성

- 캐스터네츠, 리듬막대

2) 연주

악기	연주
	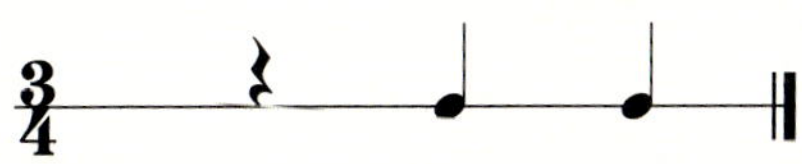 연주   읽기 (끄덕) 밤 밤
	 연주   읽기 밤 밤 (끄덕)

서로서로 사랑하라

정소영 작사
홍인숙 작곡

1) 악기 구성

- 캐스터네츠, 탬버린

2) 연주

악기	연주
	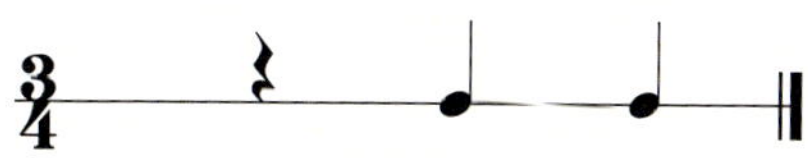 연주  읽기 (끄덕) 밤 밤
	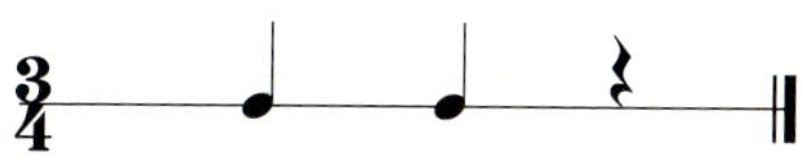 연주  읽기 밤 밤 (끄덕)

인사노래

이요섭 작사
이요섭 작곡
임혜정 반주

C
F
친 구 와 헤 어 질 때 Good - bye
G7
C
잠 자 리 들 기 전 에 Good - night

1) 악기 구성

- 에그 쉐이커(혹은 각종 쉐이커나 마라카스), 우드블럭
  - ※ 한 쌍을 양손에 각각 쥐고 연주하거나 하나만 가지고 연주할 수 있다.

2) 연주

악기	연주
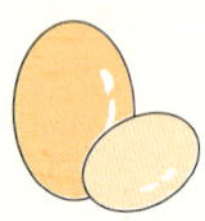	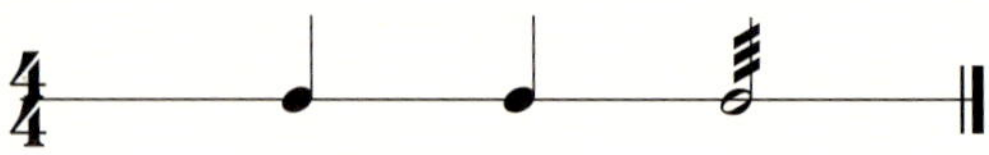 연주  가볍고 빠르게 흔든다. 읽기 밤 밤 사과
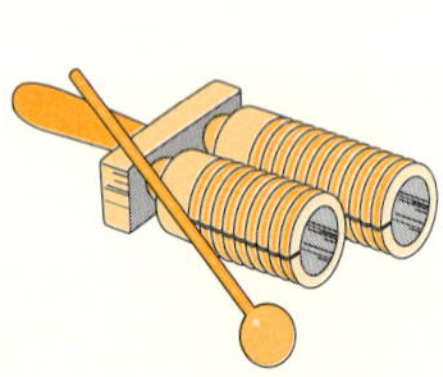	 연주  읽기 밤 (끄덕) 밤 (끄덕)

곰 세 마리

외국 곡

C
곰 세마리 가 한 집에있 어 아빠곰 엄마곰 애 기 곰
아 빠 곰 은 뚱 뚱 해 엄 마 곰 은 날 씬 해
G7 C
아 기 곰 은 너무귀여워 알 콩 달 콩 산 대 요

1) 악기 구성

- 캐스터네츠, 방울(혹은 마라카스)

2) 연주

악기	연주
	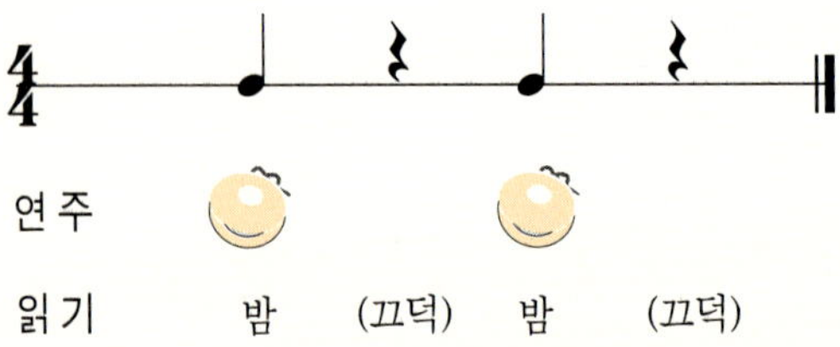
	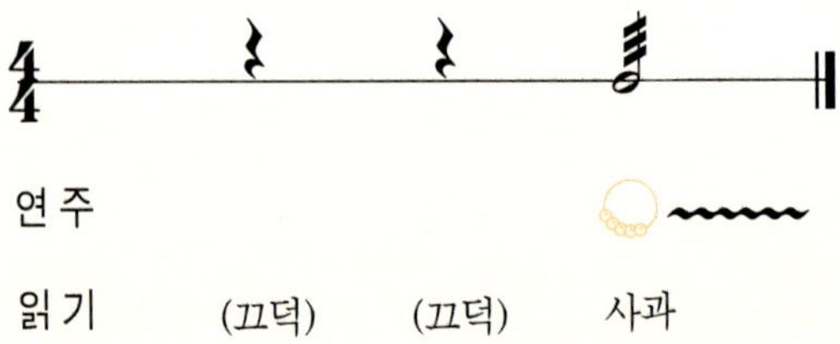
참고	연주가 익숙해지면 '아빠 곰'에 해당되는 부분은 세게, '엄마 곰'은 보통, '애기 곰'은 여리게 표현해 봄으로써, 셈여림의 변화를 느껴 보도록 한다.

엄마 돼지 아기 돼지

박홍근 작사
김규환 작곡

1) 악기 구성

- 캐스터네츠(혹은 우드블럭, 리듬막대), 심벌즈(유아용), 방울(혹은 탬버린, 마라카스)

2) 연주

악기	연주
	 읽기　밤　(끄덕)　밤　(끄덕)
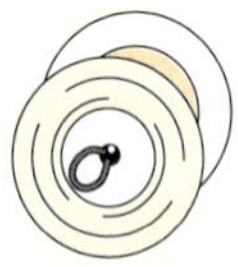	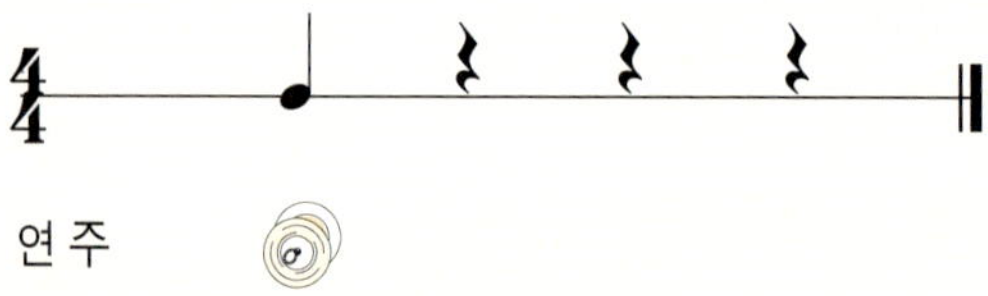 읽기　밤　(끄덕)　(끄덕)　(끄덕)
	'꿀꿀' 부분에서만 계속 트레몰로로 흔든다. 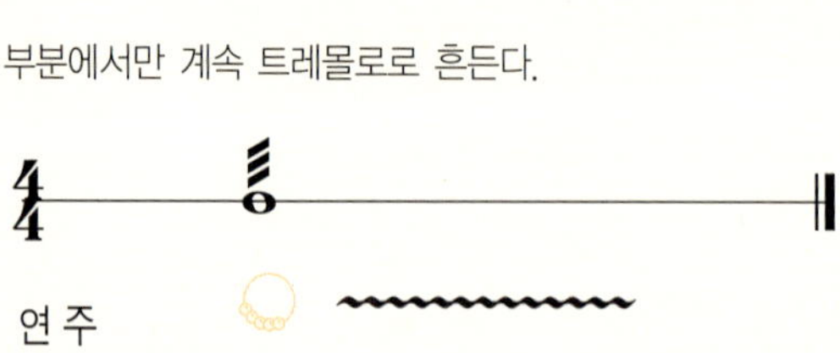 읽기　파　인　애　플

정글숲

이요섭 작사
이요섭 작곡
임혜정 반주

1) 악기 구성

■ 소고(혹은 탬버린), 리듬막대(혹은 우드블럭), 마라카스(혹은 방울)

2) 연주

악기	연주
	 연주  읽기 밤 밤 밤 밤
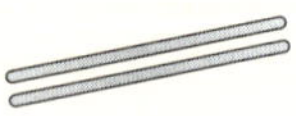	 연주  읽기 밤 대 추 밤 밤
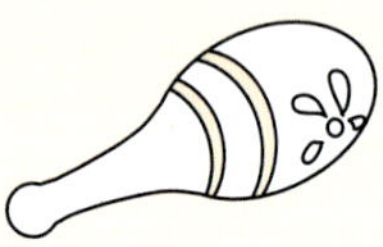	마지막 부분의 '악어 떼'에서만 트레몰로로 흔든다.

코끼리와 거미줄

강소천 작사
한용희 작곡

1) 악기 구성

- 캐스터네츠, 롤리팝(혹은 탬버린)

2) 연주

악기	연주
	 연주  읽기 밤 대 추 밤 대 추
	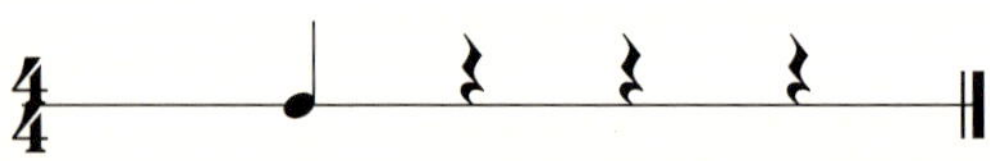 연주  읽기 밤 (끄덕) (끄덕) (끄덕)

꼬마 불자동차

작자 미상

C
G7
C
빨 간 꼬마불사 동 차 기 웡 윙 소리내며 갑 니 다
빨 간 꼬마불자 동 차 가 잉 잉 잉잉울며 갑 니 다
F
G7
C
어 서 길을비켜 달 라 고 웡 – – – – – – –
길 이 너무막혀 늦었 다 고 잉 – – – – – – –

1) 악기 구성

- 우드블럭, 마라카스

2) 연주

악기	연주
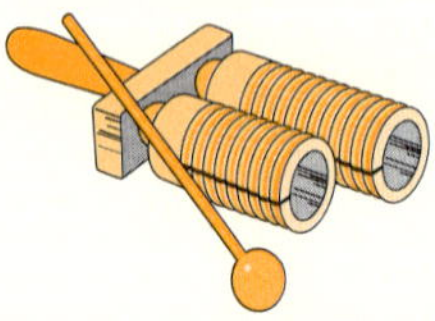	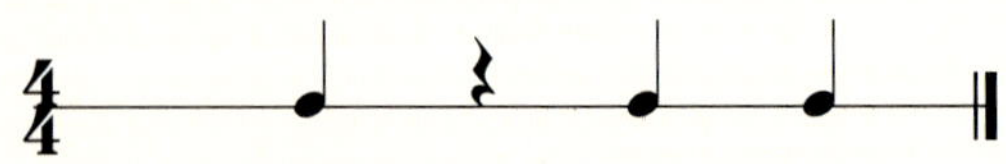 연주  읽기 밤 (끄덕) 밤 밤
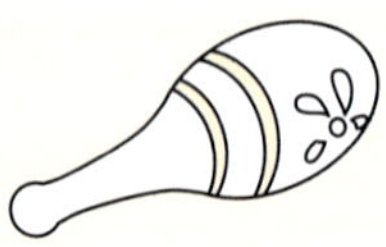	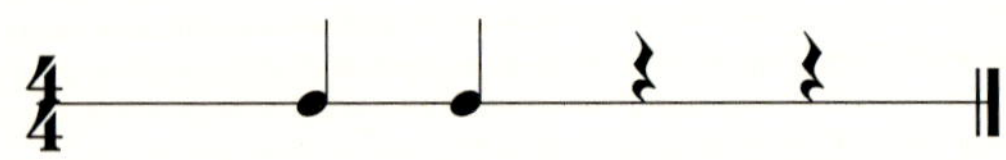 연주  읽기 밤 밤 (끄덕) (끄덕)

작은 별

모차르트 작곡

C F C G7 C G7 C
반 짝 반 짝 작 은 별 아 름 답 게 비 치 네
G7 C G7 C G7 C G7
동 쪽 하 늘 에 서 도 서 쪽 하 늘 에 서 도
C F G7 C G7 C
반 짝 반 짝 작 은 별 아 름 답 게 비 치 네

1) 악기 구성

- 캐스터네츠: 동일한 악기를 두 파트로 나누어 두 가지 리듬을 각각 연주한다.

2) 연주

악기	연주
	 연주  읽기 밤 대 추 밤 대 추
	 연주  읽기 (끄덕) 밤 (끄덕) 밤
참고	처음에는 모두 같은 리듬형으로 연주해 보고 후에 두 파트로 다른 리듬형을 연주해 보도록 한다.

열 꼬마 인디언

미국 민요

C
G7
한 꼬마두 꼬마 세 꼬마인디언 네 꼬미다섯꼬마 여섯꼬마인디언
C
G7
C
일곱꼬마여덟꼬마 아홉꼬마인디언 열 꼬마인 디 언

1) 악기 구성

- 탬버린: 탬버린을 평평한 바닥에 엎어 놓고 양 손바닥으로 봉고를 치듯 연주해 본다.

2) 연주

악기	연주
	 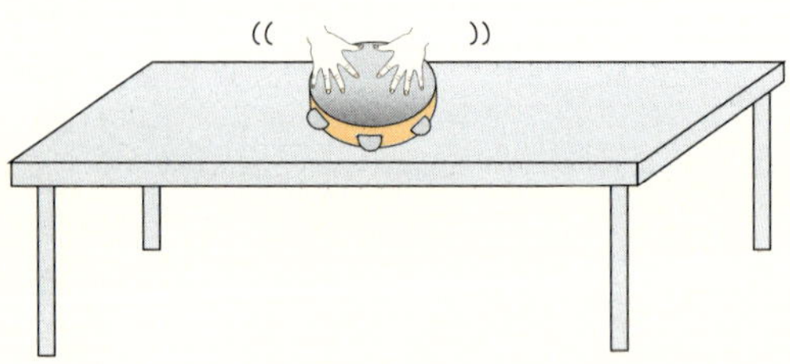

여기 요기

김정순 작사
김숙경 작곡

1) 악기 구성

- 탬버린: 탬버린을 평평한 바닥에 엎어 놓고 양 손바닥으로 연주해 본다.

2) 연주

악기	연주
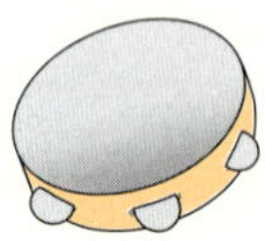	 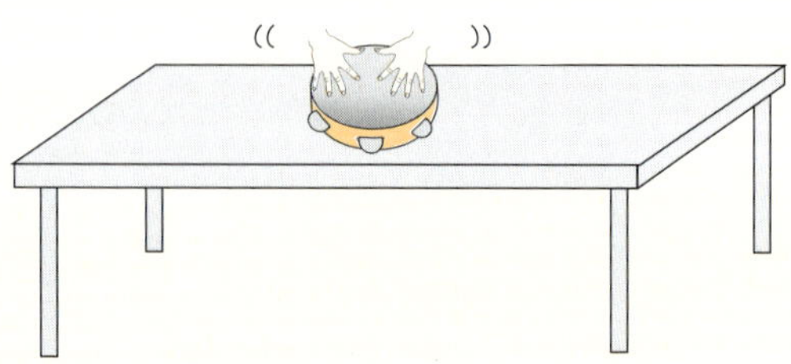

텔레비전

정근 작사
정근 작곡
임혜정 반주

1) 악기 구성

□ 리듬막대(혹은 캐스터네츠, 우드블럭), 심벌즈(유아용), 에그 쉐이커(혹은 각종 쉐이커류, 마라카스, 방울) 한 쌍

2) 연주

<table>
<tr><th>악기</th><th>연주</th></tr>
<tr><td>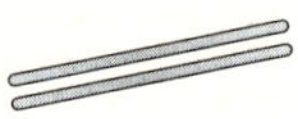</td><td>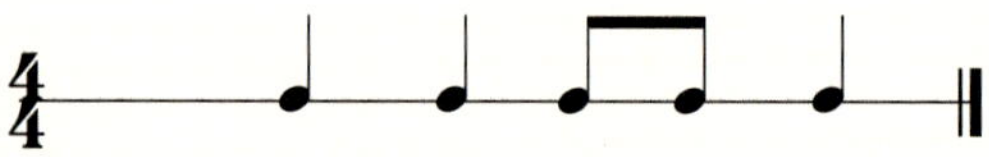
연주 
읽기 밤 밤 대 추 밤</td></tr>
<tr><td>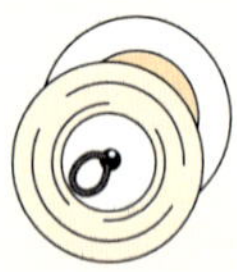</td><td>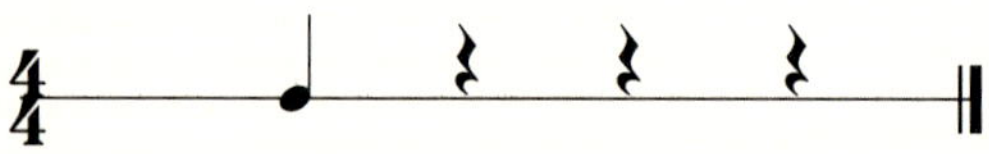
연주 
읽기 밤 (끄덕) (끄덕) (끄덕)</td></tr>
<tr><td>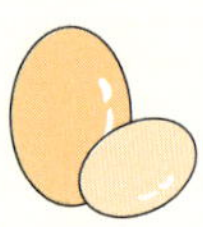</td><td>'춤추고 노래하는 예쁜 내 얼굴' 부분에서만 트레몰로(가볍고 재빠르게 계속 흔들어 준다)로 연주하고 나머지 부분은 쉰다.</td></tr>
</table>

비행기

1) 악기 구성

- 우드블럭(혹은 캐스터네츠), 탬버린, 마라카스
  - ※ 악기의 수나 종류는 유아의 음악적 능력에 따라 가감할 수 있다.

2) 연주

악기	연주
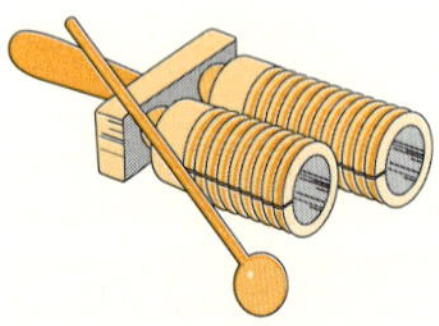	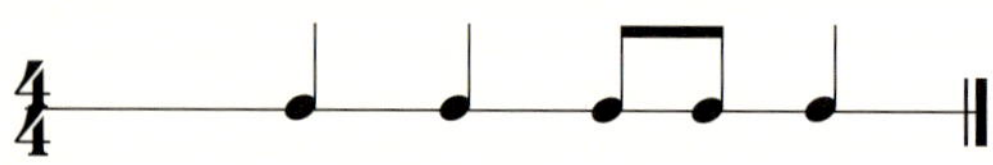 연주  읽기 밤 밤 대 추 밤
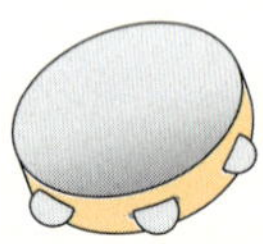	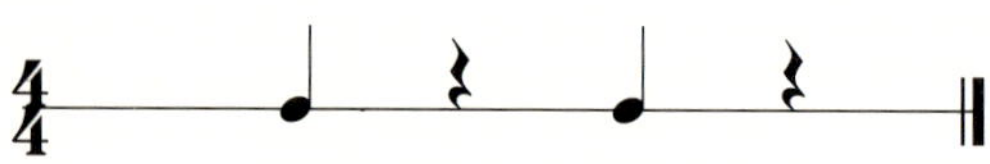 연주  읽기 밤 (끄덕) 밤 (끄덕)
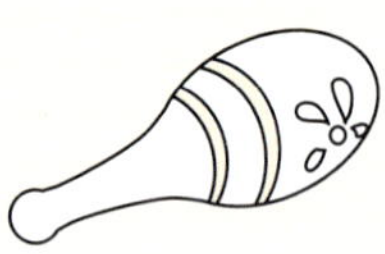	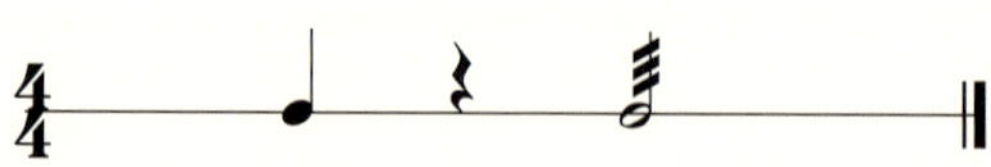 연주  읽기 밤 (끄덕) 사과

2 4세를 위한 리듬합주

- 다섯 작은 꾀꼬리
- 매미
- A Merry Christmas
- 오! 파랑새가
- 착한 아이 예쁜 아이
- 그대로 멈춰라
- 나무야
- 바윗돌 깨뜨려
- 산중호걸
- 여름 냇가
- 도토리
- 용서하는 아이

다섯 작은 꾀꼬리

외국 곡

1) 악기 구성

- 캐스터네츠, 탬버린

2) 연주

악기	연주
	 읽기 대 추 밤
	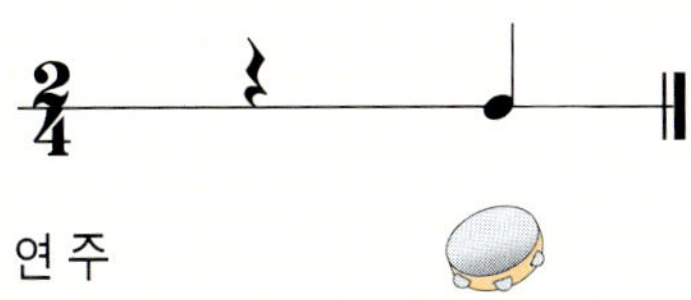 읽기 (끄덕) 밤

매미

이태선 작사
박재훈 작곡

1) 악기 구성

□ 캐스터네츠, 우드블럭

2) 연주

악기	연주
	 읽기 (끄덕) 밤 밤
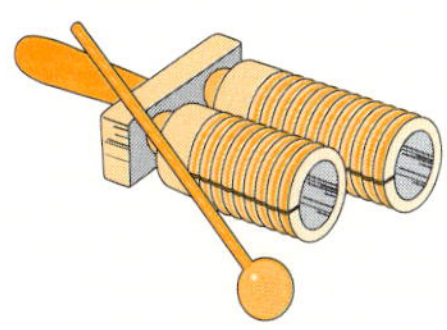	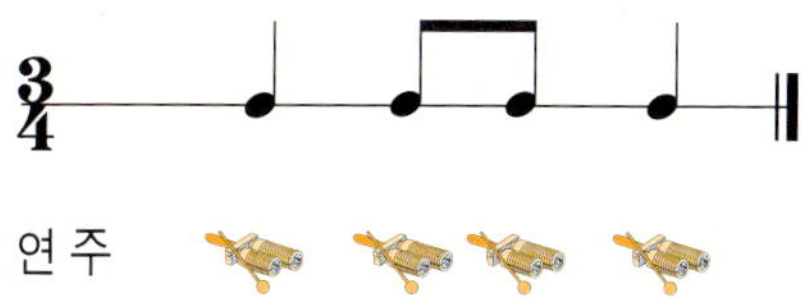 읽기 밤 대 추 밤

A Merry Christmas

외국 곡
임혜정 반주

1) 악기 구성

- 캐스터네츠, 탬버린

2) 연주

악기	연주
	 연 주  읽 기 밤 대 추 밤
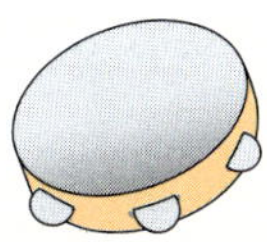	 연 주  읽 기 밤 (끄덕) (끄덕)
참고	못갖춘마디의 노래는 못갖춘마디 부분에서는 연주하지 않는다.

오! 파랑새가

외국 곡

C
G7
오 파 랑 새 가 날 아 왔 네 저 창 문 으 로 날 아 왔 네
C
G7
C
오 파 랑 새 가 날 아 왔 네 참 예 쁘 네 요
G7
파 랑 새 가 춤 을 추 고 있 네 파 랑 새 가 춤 을 추 고 있 네
C
G7
C
파 랑 새 가 춤 을 추 고 있 네 날 아 가 네 요

1) 악기 구성

- 캐스터네츠, 트라이앵글

2) 연주

악기	연주
	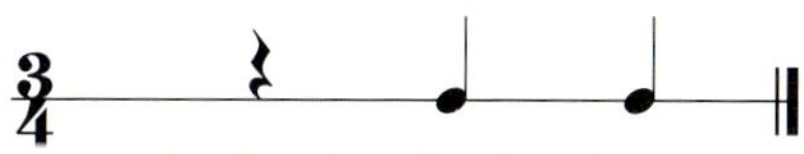 연 주  읽 기 (끄덕) 밤 밤
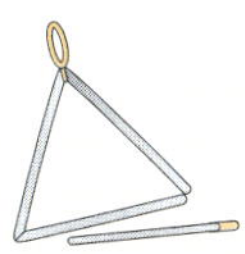	 연 주  읽 기 밤 (끄덕) (끄덕)

착한 아이 예쁜 아이

박경종 작사
정혜옥 작곡

1) 악기 구성

- 마라카스, 우드블럭

2) 연주

악기	연주
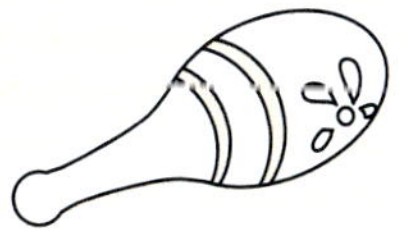	 연주  읽기 밤 (끄덕) 밤 밤
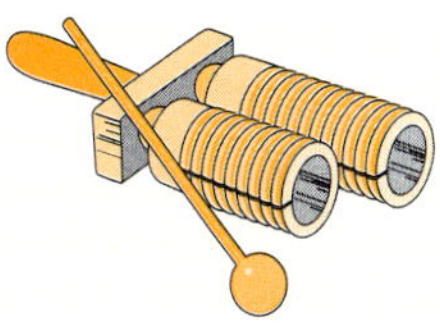	 연주  읽기 (끄덕) 대 추 밤 밤

그대로 멈춰라

김방옥 작사
김방옥 작곡

1) 악기 구성

- 캐스터네츠, 우드블럭, 리듬막대, 기로, 소고, 롤리팝

2) 연주

악기	연주
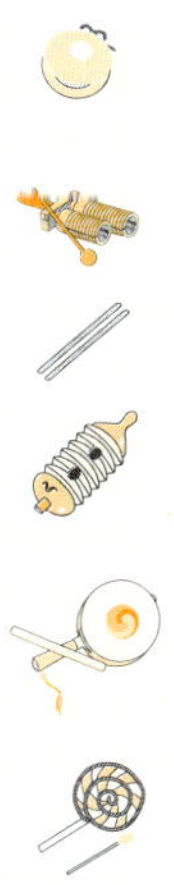	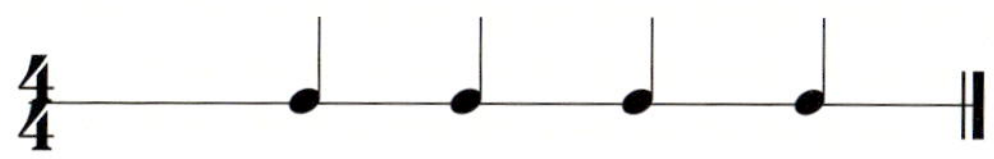 연 주 ○ ○ ○ ○ 읽 기 밤 밤 밤 밤
참고	모든 악기가 동일하게 박자대로 리듬을 치되, 노랫말의 '그대로 멈춰라'와 '움직이지 마'의 끝부분에서는 모든 악기가 쉼으로써 연주와 쉼을 통한 합주의 즐거움을 느껴 보도록 한다.

나무야

강소천 작사
김공선 작곡

1) 악기 구성

- 캐스터네츠, 탬버린

2) 연주

악기	연주

	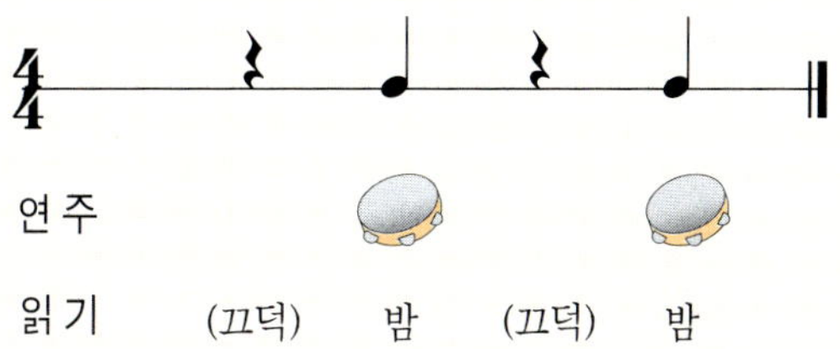

바윗돌 깨뜨려

외국 곡

C G7 C
바 윗돌깨 뜨려 돌 덩 이 돌 덩이깨 뜨려 돌 멩 이
도 랑물모 여서 개 울 물 개 울물모 여서 시 냇 물
F G7 C
돌 멩이깨 뜨려 자 갈 돌 자 갈돌깨 뜨려 모 래 알
시 냇물모 여서 큰 강 물 큰 강물모 여서 바 닷 물
G7 C
라 라라 라라 라 라 라 라 라라 라라 라 라 라

1) 악기 구성

- 우드블럭, 리듬막대

2) 연주

악기	연주
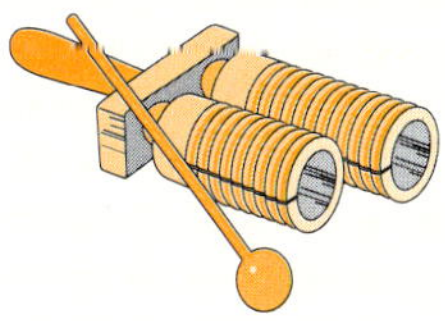	 연주  읽기 밤 대 추 밤 대 추
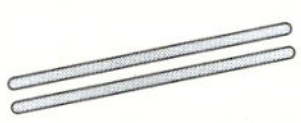	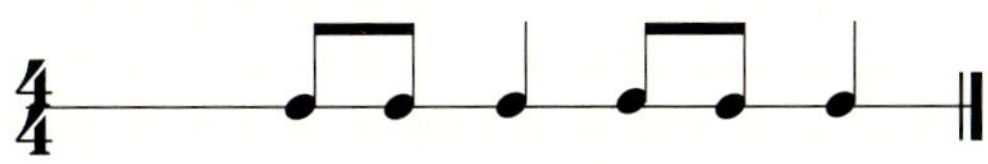 연주 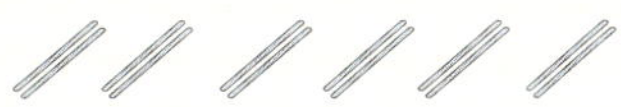 읽기 대 추 밤 대 추 밤

산중호걸

이요섭 작사
이요섭 작곡
임혜정 반주

1) 악기 구성

- 소고(혹은 탬버린), 마라카스(혹은 방울)

2) 연주

악기	연주
	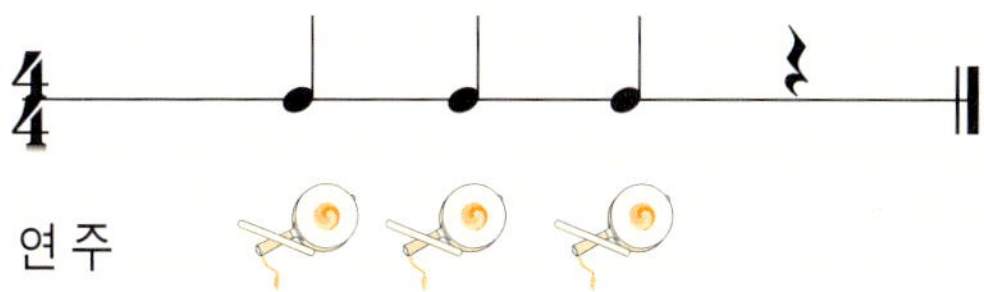 연주 읽기 밤 밤 밤 (끄덕)
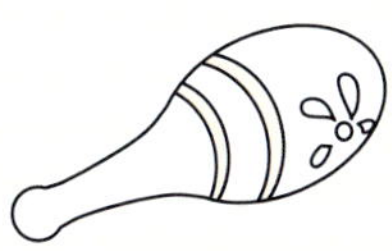	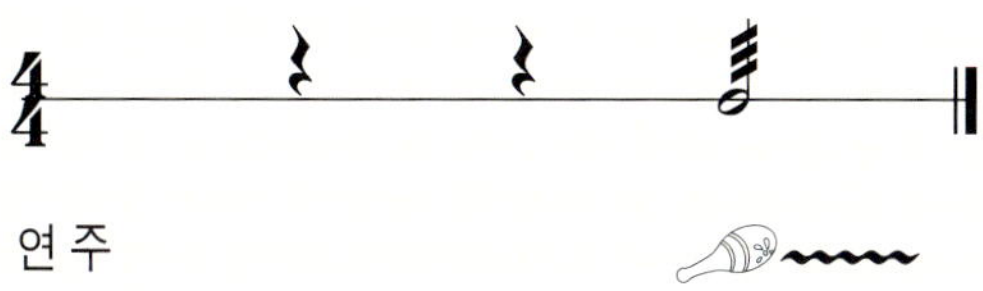 연주 읽기 (끄덕) (끄덕) 사과

여름 냇가

황금녀 작사
박재훈 작곡
임혜정 반주

1) 악기 구성

- 캐스터네츠(혹은 리듬막대), 우드블럭, 심벌즈

2) 연주

악기	연주
	 연주  읽기 (끄덕) 대 추 밤 밤
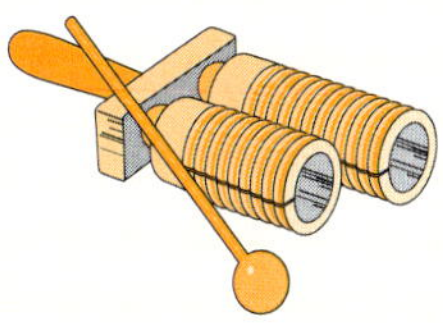	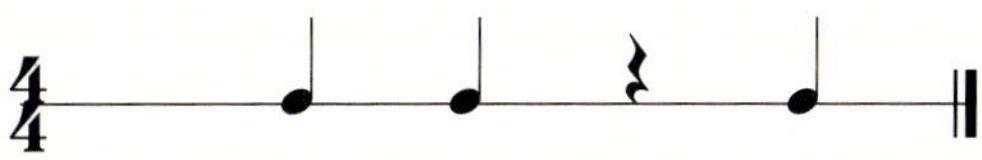 연주  읽기 밤 밤 (끄덕) 밤
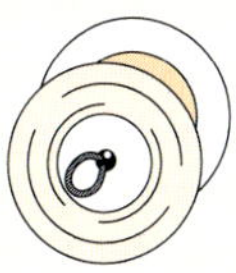	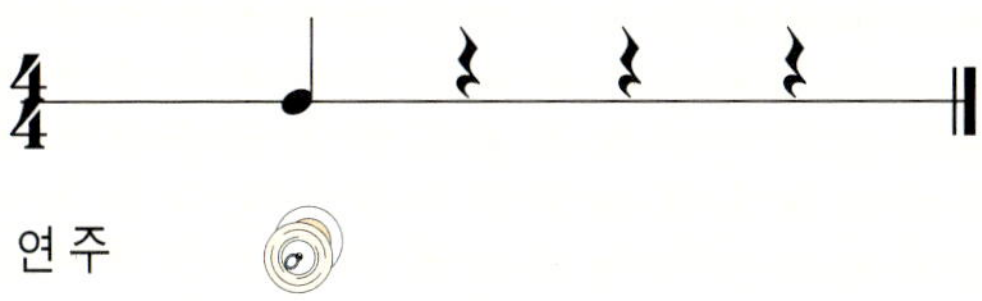 연주 읽기 밤 (끄덕) (끄덕) (끄덕)

도토리

유성윤 작사
황철익 작곡
임혜정 반주

1) 악기 구성

- 롤리팝(혹은 소고, 탬버린), 우드블럭

2) 연주

<table>
<tr><th>악기</th><th>연주</th></tr>
<tr><td></td><td>
연주 
읽기 (끄덕) 대 추 (끄덕) 대 추</td></tr>
<tr><td>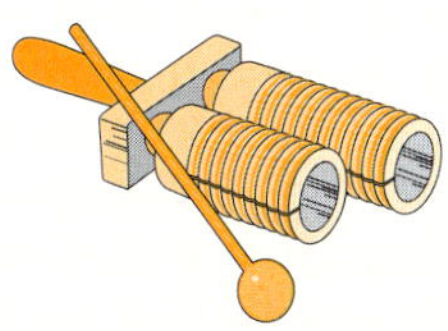</td><td>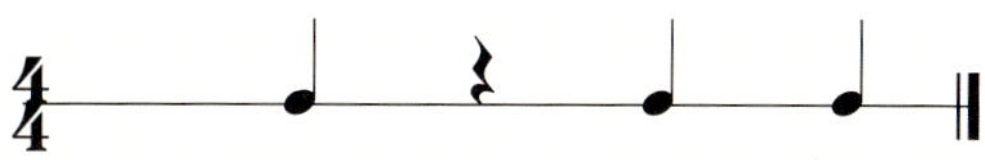
연주   
읽기 밤 (끄덕) 밤 밤</td></tr>
</table>

용서하는 아이

박경종 작사
정혜옥 작곡
임혜정 반주

1) 악기 구성

- 캐스터네츠, 트라이앵글

2) 연주

악기	연주
	 연주  읽기 밤 대 추 밤 밤
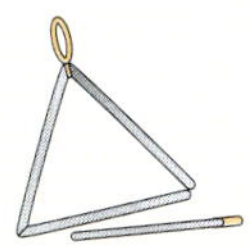	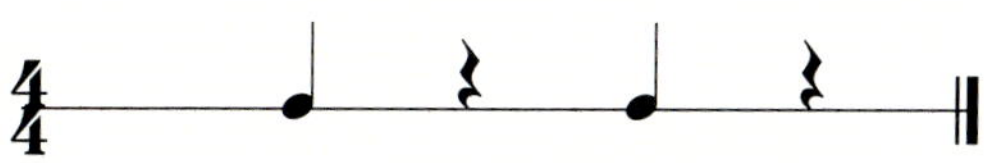 연주  읽기 밤 (끄덕) 밤 (끄덕)

3 5세를 위한 리듬합주

- 둘이 살짝
- 겨울 바람
- 내 동생
- 미소
- 마귀할멈과 유리공주

둘이 살짝

박경문 작사
김방옥 작곡

1) 악기 구성

- 캐스터네츠, 탬버린, 우드블럭

2) 연주

악기	연주
	 연주  읽기 대 추 밤 밤
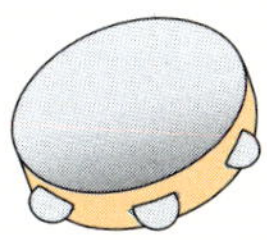	 연주  읽기 밤 (끄덕) (끄덕)
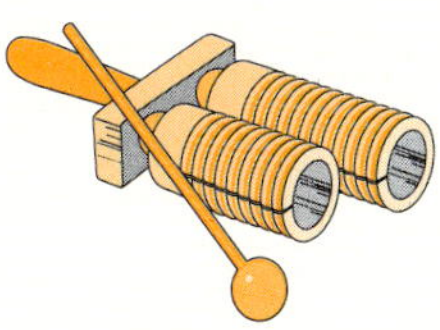	 연주  읽기 (끄덕) 대 추 밤

겨울 바람

백순진 작사
백순진 작곡
임혜정 반주

1) 악기 구성

- 캐스터네츠(혹은 리듬막대, 우드블럭), 소고(혹은 롤리팝), 쉐이커(혹은 마라카스)

2) 연주

악기	연주
	 연 주 읽 기 밤 대 추 밤 (끄덕)
	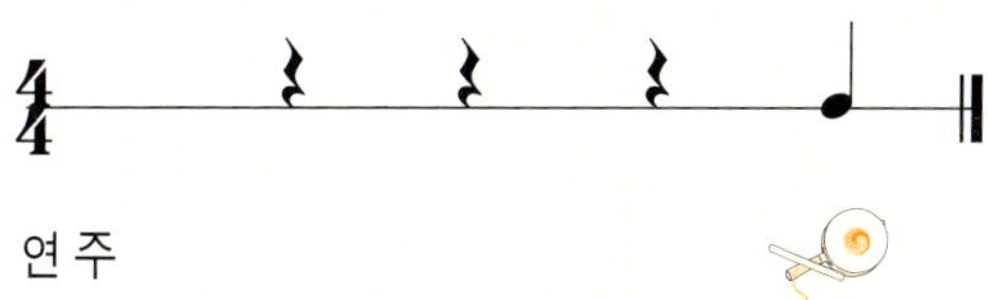 연 주 읽 기 (끄덕) (끄덕) (끄덕) 밤
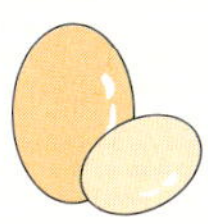	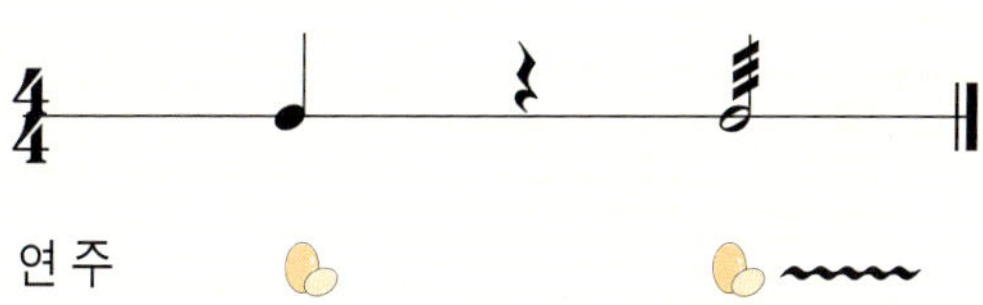 연 주 읽 기 밤 (끄덕) 사과

내 동생

조운파 작사
최종혁 작곡
임혜정 반주

F
Dm
D
G7
누 나 가부 를때 면 왕 자 님 –

C
G7
C
어 떤 게 진 짜인 지 몰 라몰 라 몰 라

1) 악기 구성

□ 우드블럭, 캐스터네츠, 트라이앵글

2) 연주

악기	연주
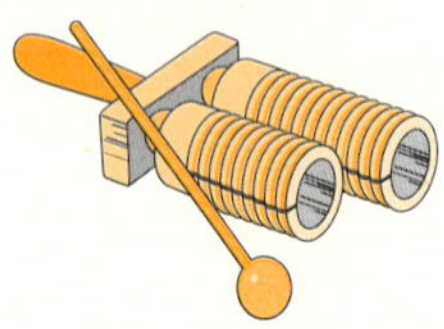	 연주  읽기 밤 대 추 밤 밤
	 연주  읽기 밤 (끄덕) 밤 (끄덕)
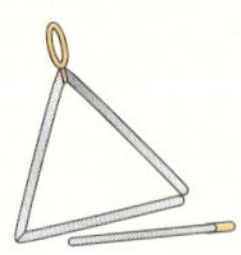	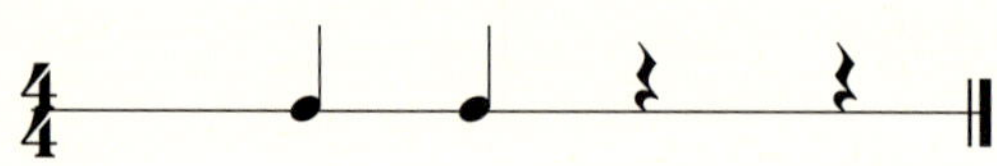 연주 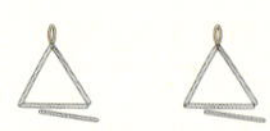 읽기 밤 밤 (끄덕) (끄덕)

미소

강신옥 작사
이수인 작곡
임혜정 반주

1) 악기 구성

- 캐스터네츠(혹은 우드블럭), 방울(혹은 마라카스, 탬버린), 트라이앵글

2) 연주

악기	연주
	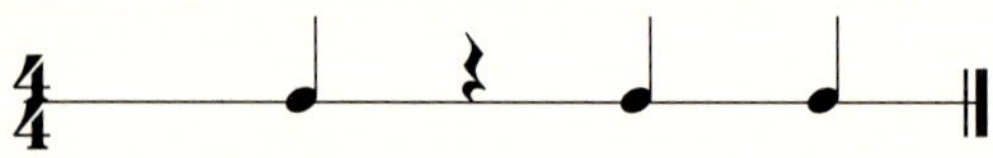 연주  읽기 밤 (끄덕) 밤 밤
	 연주  읽기 (끄덕) (끄덕) 사과
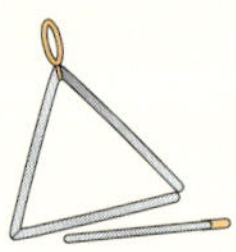	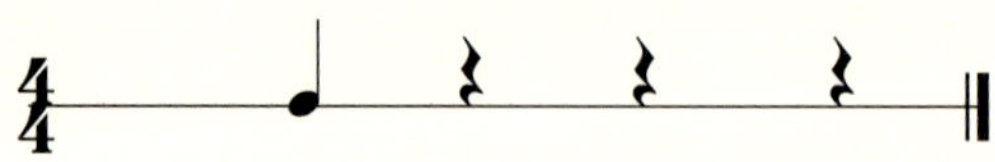 연주  읽기 밤 (끄덕) (끄덕) (끄덕)

마귀할멈과 유리공주

문형만 작사
문형만 작곡
임혜정 반주

C
G7
도 깨비 와마 귀 할 멈 용 감하 게이 기 고

C
G7
C
공 주님 과결 혼 해 서 행 복하 게살 았 네

1) 악기 구성

- 캐스터네츠(혹은 우드블럭, 리듬막대), 탬버린

2) 연주

악기	연주
	 연주  읽기 대 추 대 추 밤 밤
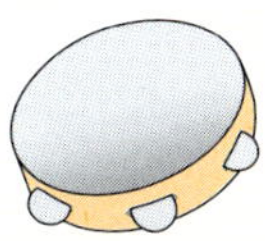	 연주 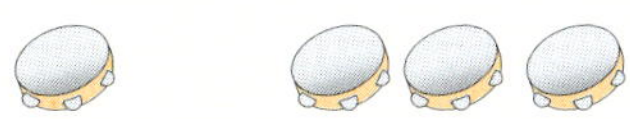 읽기 밤 (끄덕) 대 추 밤

4 더 높은 단계의 리듬합주

- 루돌프 사슴코
- 종소리
- 창 밖을 보라
- 도레미송
- 아기 염소
- 아빠와 크레파스
- 꼬부랑 할머니
- 솜사탕

루돌프 사슴코

외국 곡
임혜정 반주

F C G7 C
안 개 낀 성 탄 절 날 - 산 타 말 하 길
G7 D7 G7
루 돌 프 코 가 밝 으 니 썰 매 를 끌 어 주 렴 -
C G7
그 후 론 사 슴 들 이 그 를 매 우 사 랑 했 네
C
루 돌 프 사 슴 코 는 길 이 길 이 기 억 되 리

1) 악기 구성

- 캐스터네츠(혹은 리듬막대, 우드블럭), 기로, 트라이앵글, 마라카스

2) 연주

악기	연주
	 연주 읽기 밤 밤 대 추 밤
	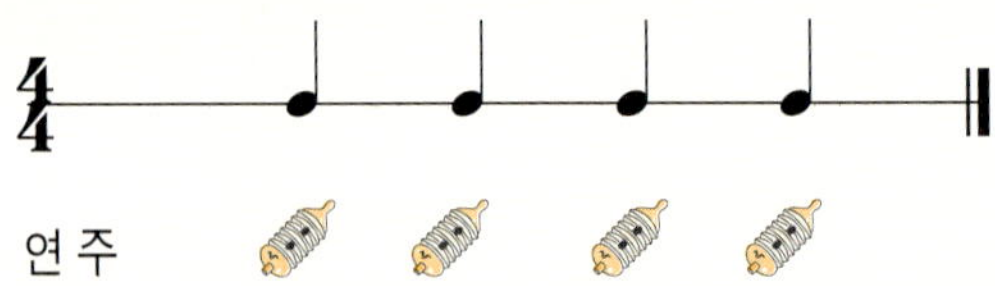 연주 읽기 밤 밤 밤 밤
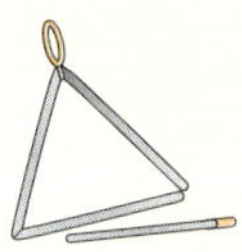	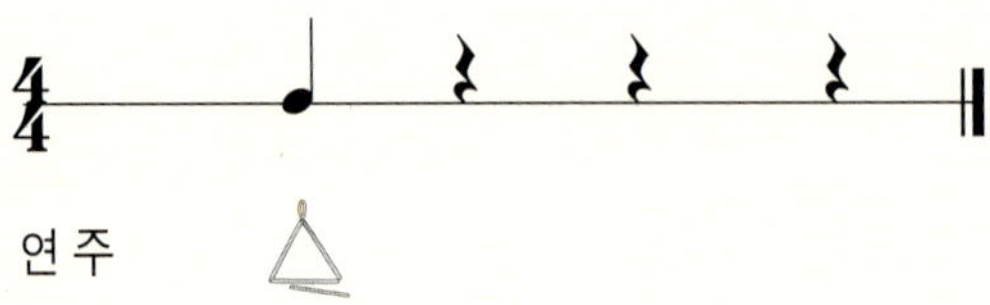 연주 읽기 밤 (끄덕) (끄덕) (끄덕)
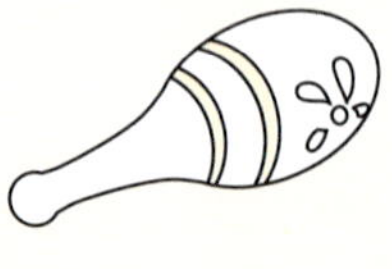	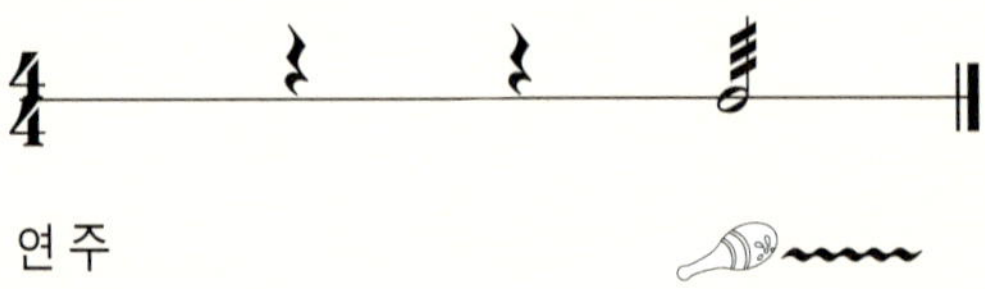 연주 읽기 (끄덕) (끄덕) 사과

종소리

안병원 작사
미국 곡

D
종 소 리 울 려 라 종 소 리 울 려
G D A7
우 리 썰 매 빨 리 달 려 종 소 리 울 려 라
D
종 소 리 울 려 라 종 소 리 울 려
G D A7 D
기 쁜 노 래 부 르 면 서 빨 리 달 리 자

1) 악기 구성

- 우드블럭(혹은 캐스터네츠), 탬버린, 롤리팝(혹은 소고, 심벌즈), 방울

2) 연주

악기	연주
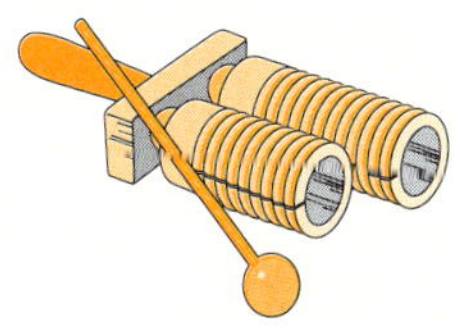	
	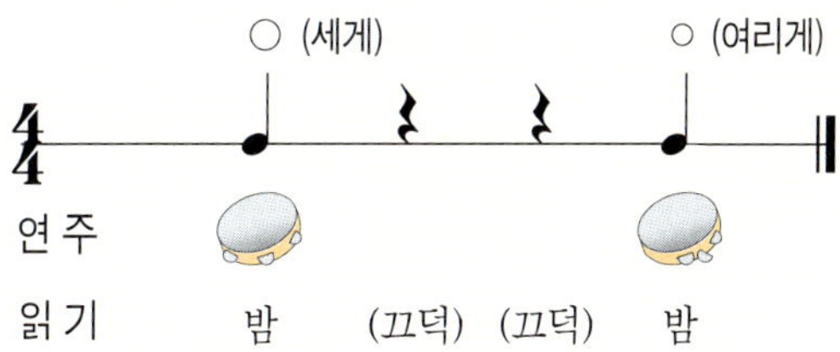
	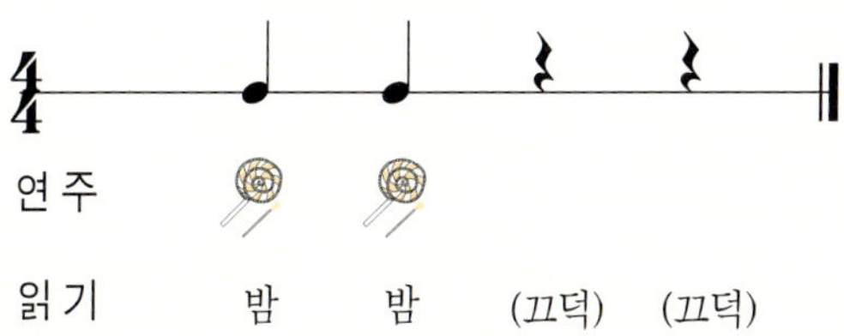
	곡의 전반부는 쉬고 '종소리 울려라 종소리 울려' 부분부터 계속 트레몰로(가볍고 재빠르게 흔든다)로 연주한다.

창 밖을 보라

외국 곡
임혜정 반주

D A
긴 긴 해 가 다 가고- 어 둠 이 오 면
D D♯dim E7
오 색 빛 이 찬 란한- 거 리 거 리 에 성 탄 빛
A E7
추운 겨울 이 다가 기전 에 마음 껏즐 기 자
A
밝고 흰눈 이 새봄 빛속 에 사라 지기 전 에

1) 악기 구성

- 우드블럭(혹은 캐스터네츠, 리듬막대), 탬버린, 트라이앵글, 쉐이커(혹은 마라카스)

2) 연주

악기	연주
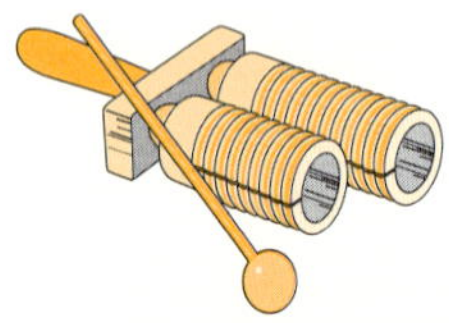	 연주  읽기 밤 대 추 밤 밤
	 연주  읽기 밤 밤 (끄덕) (끄덕)
	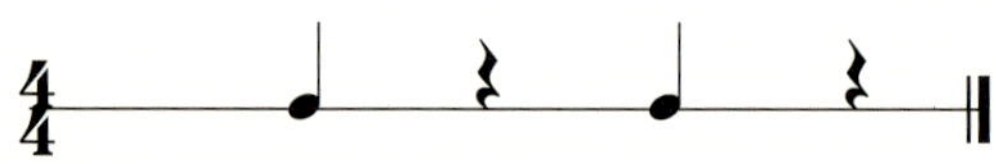 연주  읽기 밤 (끄덕) 밤 (끄덕)
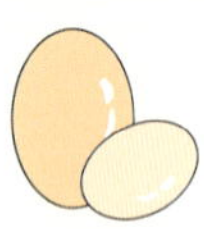	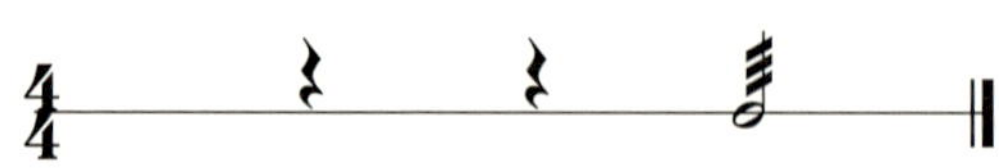 연주  읽기 (끄덕) (끄덕) 사과

도레미송

외국 곡
임혜정 반주

F G7 C
부 터 다 시 불 러 보 자 도 미 미 미 솔 솔
G7 C G7
레 파 파 라 시 시 도 미미 미 솔솔 레 파파 라 시시
C F C G7
솔 도 라 파 미 도 레
C F G7 C G7 C
솔 도 라 시 도 레 도

1) 악기 구성

- 캐스터네츠, 우드블럭(혹은 리듬막대), 탬버린, 마라카스(혹은 방울)

2) 연주

악기	연주
	 읽기 대 추 밤 대 추 밤
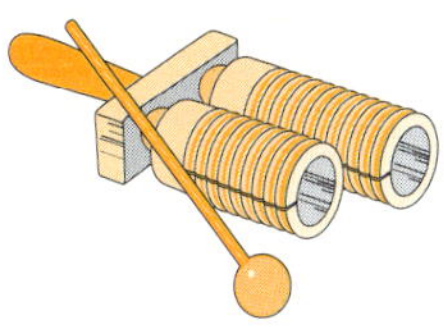	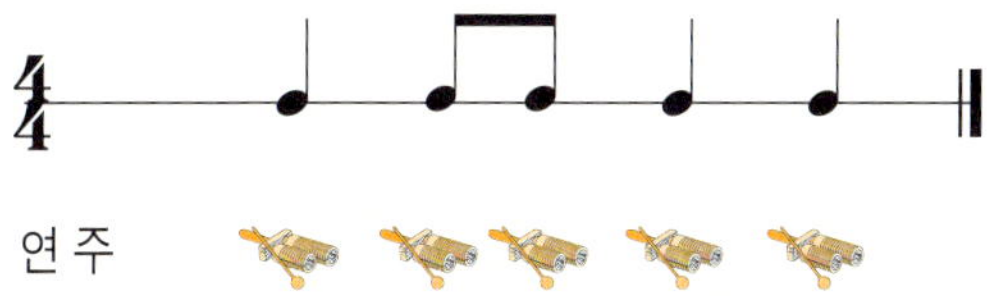 읽기 밤 대 추 밤 밤
	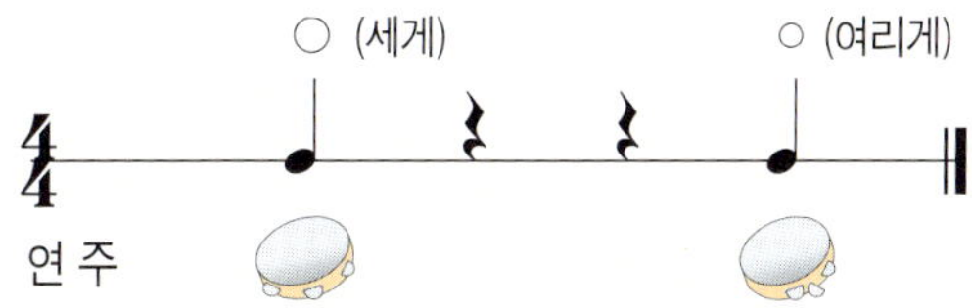 읽기 밤 (끄덕) (끄덕) 밤
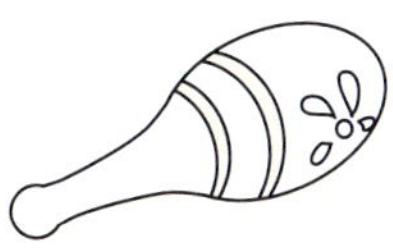	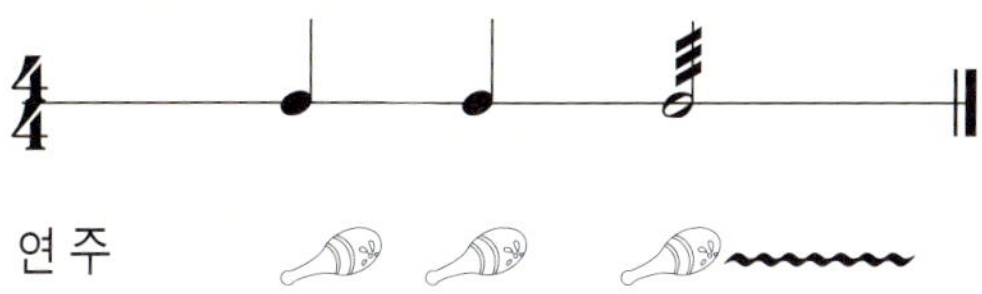 읽기 밤 밤 사과
참고	유아의 수준에 따라 악기 편성 일부를 줄일 수 있다.

아기 염소

이해별 작사
이순형 작곡

Fm
G7
엄마찾아음－매 아빠찾아음－매 울상 을짓 다 가
C
G7
해가 반짝 곱 게피어나면 너무 나기다렸나 봐
C G7 C
폴짝폴짝콩콩콩 흔들흔들콩콩콩 신나 는아기염소 들

1) 악기 구성

□ 캐스터네츠, 우드블럭, 리듬막대, 탬버린, 트라이앵글

2) 연주

악기	연주
	 연주 읽기 밤 (끄덕) 밤 (끄덕)
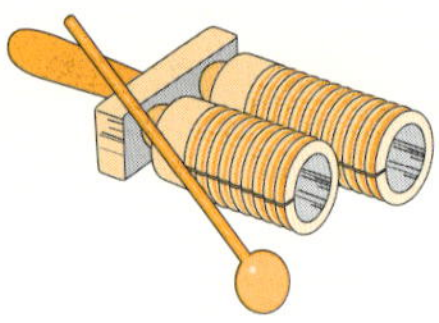	 연주 읽기 (끄덕) 밤 (끄덕) 밤
	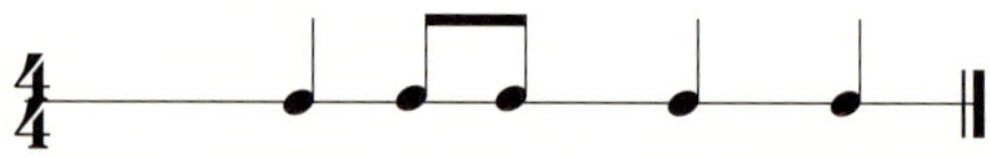 연주 읽기 밤 대 추 밤 밤
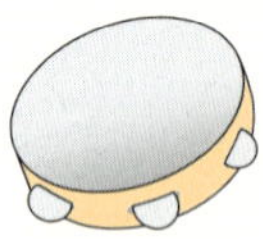	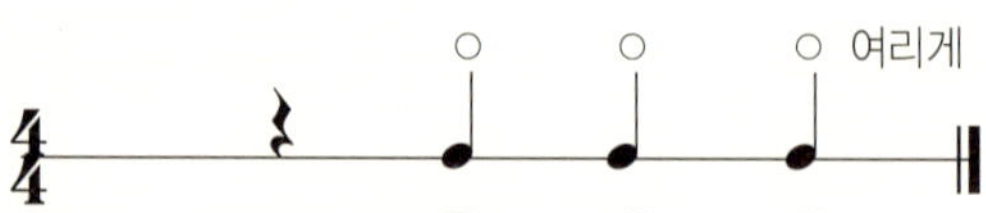 연주 읽기 (끄덕) 밤 밤 밤

악기	연주
	 연주  읽기 밤 (끄덕) (끄덕) (끄덕)
참고	유아의 수준에 따라 악기 편성 일부를 줄일 수 있다.

아빠와 크레파스

이혜민 작사
이혜민 작곡

1) 악기 구성

■ 마라카스, 쉐이커류, 롤리팝(혹은 소고), 리듬막대

2) 연주

악기	연주
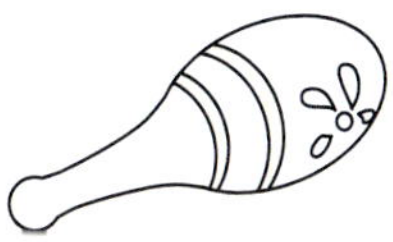	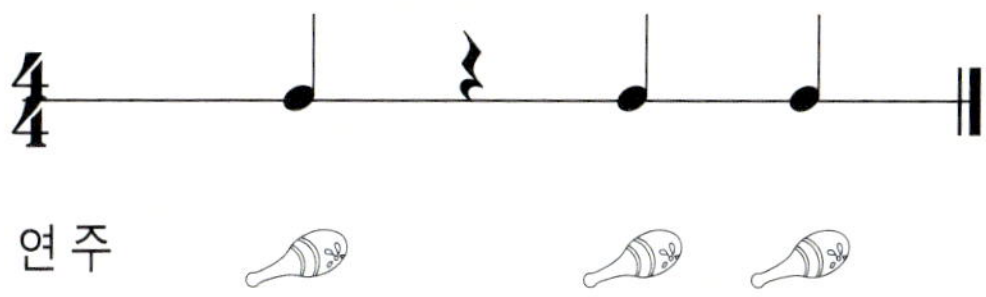 연주 읽기 밤 (끄덕) 밤 반
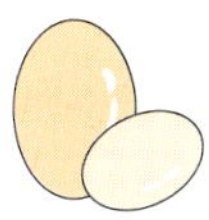	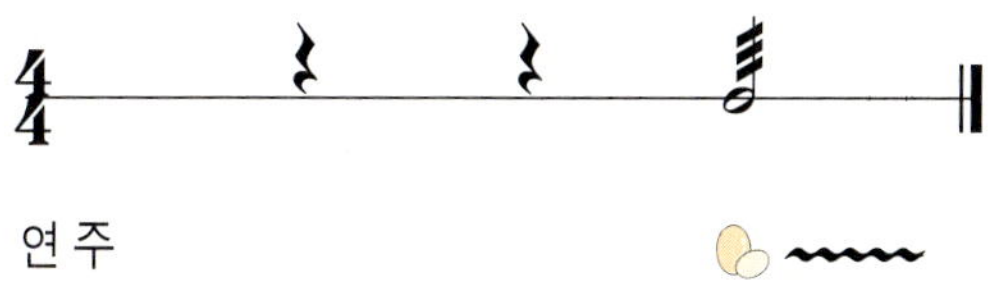 연주 읽기 (끄덕) (끄덕) 사과
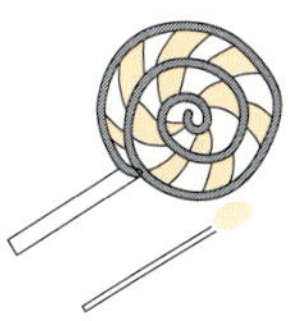	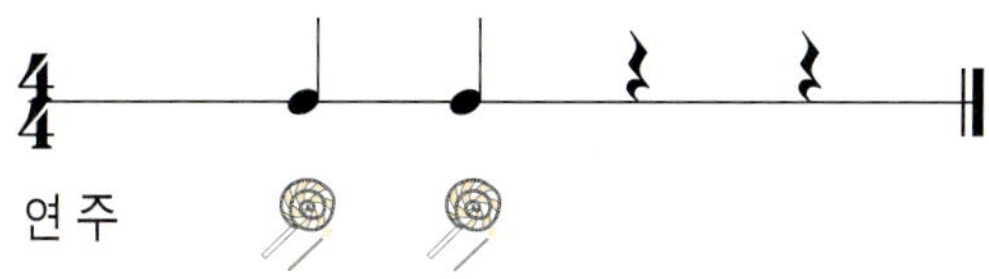 연주 읽기 밤 밤 (끄덕) (끄덕)
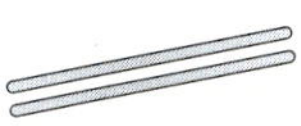	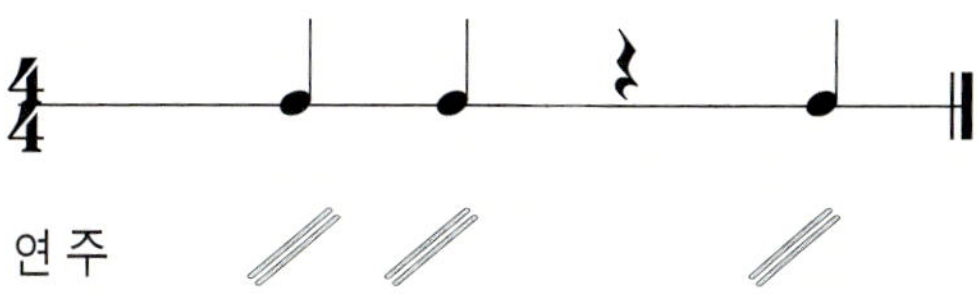 연주 읽기 밤 밤 (끄덕) 밤

꼬부랑 할머니

한태근 작사
한태근 작곡
임혜정 반주

F
B♭
C7
F
고 개는 열두고 개 -고개를 고 개를 넘어간 다

1) 악기 구성

- 캐스터네츠, 우드블럭, 리듬막대, 트라이앵글

2) 연주

악기	연주
	 연주 읽기 밤 대 추 밤 (끄덕)
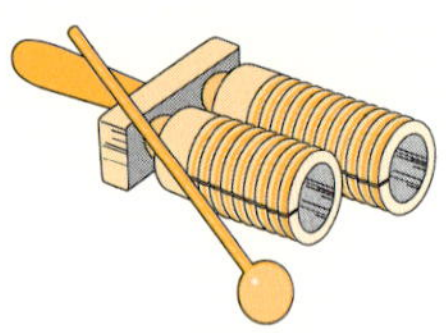	 연주 읽기 대 추 밤 대 추 밤
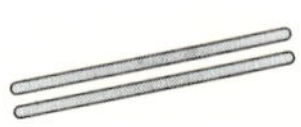	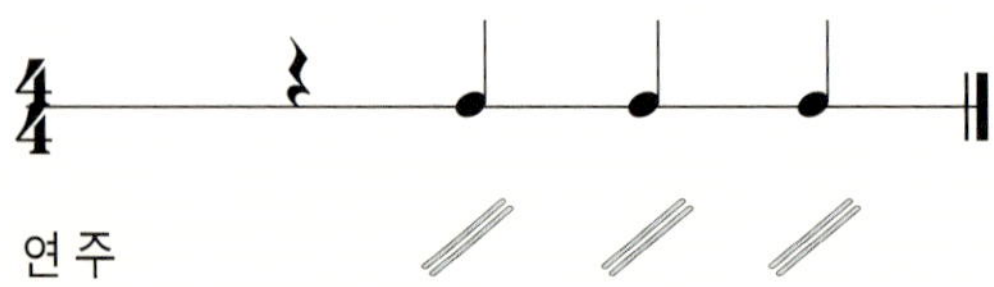 연주 읽기 (끄덕) 밤 밤 밤
	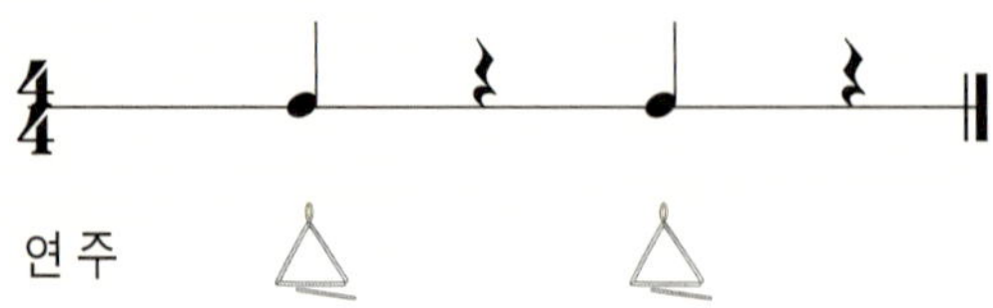 연주 읽기 밤 (끄덕) 밤 (끄덕)

솜사탕

정근 작사
이수인 작곡
임혜정 반주

1) 악기 구성

- 캐스터네츠(혹은 우드블럭, 리듬막대), 심벌즈, 롤리팝(혹은 소고), 마라카스

2) 연주

악기	연주
	 연주 읽기 밤 (끄덕) 대 추 밤
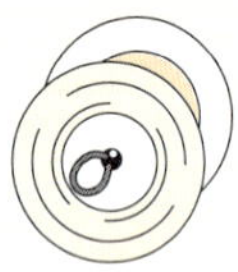	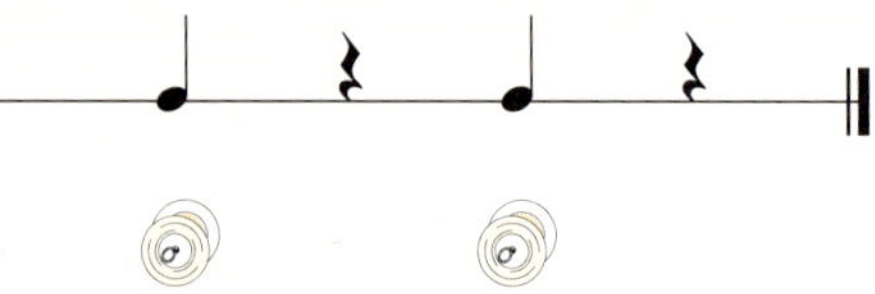 연주 읽기 밤 (끄덕) 밤 (끄덕)
	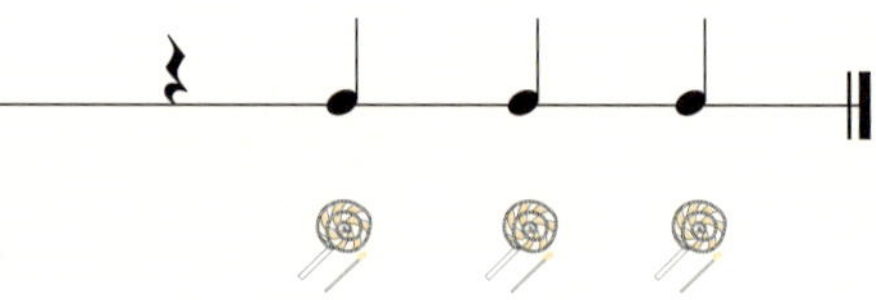 연주 읽기 (끄덕) 밤 밤 밤
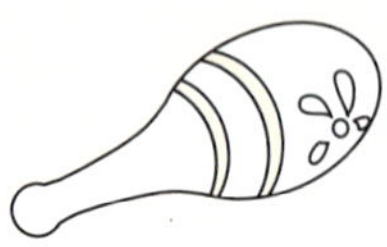	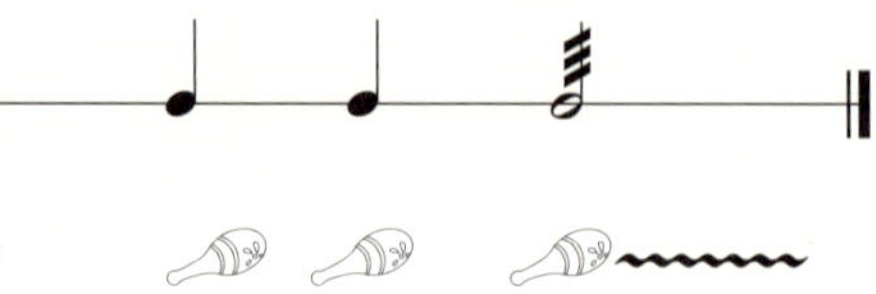 연주 읽기 밤 밤 사과

참고문헌

구희영 · 김남경 · 윤대근(2000). 대학유아음악교육. 서울: 양서원.

김영연(2002). 유아음악교육론. 서울: 학지사.

김정화(1992). 유아음악교육. 서울: 형설출판사.

김정화(1998). 유아음악놀이지도. 서울: 학문사.

김혜경(1997). 유치원 음악교육의 이론과 실제. 서울: 창지사.

심성경 · 이희자 · 이선경 · 김경의 · 이효숙 · 박주희(2007). 유아음악교육. 서울: 양서원.

안재신(1999). 유아음악교육. 서울: 교육과학사.

양향숙(1995) 악기지도를 중심으로 한 유아음악교육. 영진전문대학 논문집 제17집.

이덕주(2001). 유아음악교육. 서울: 양서원.

이미혜(1994). 화성과 악기놀이지도법. 서울: 양서원.

이은화 · 김영희(1997). 유아를 위한 음악교육. 서울: 학문사.

임혜정(1995). 유아 음악성계발 프로그램. 서울: 예솔.

임혜정(1996). 유아를 위한 리듬연습. 서울: 예솔.

임혜정(2006). 유아음악교육. 서울: 태영출판사.

임혜정 (2007) 창작유아동요집 노래하는 꿈나무. 서울: 태영출판사.

임혜정(2008). 주제별 유아동요 선곡집. 서울: 파란마음.

장은주(2009). 유아음악교육. 서울: 양서원.

조효임 · 장기범 · 이경언(1999). 오르프 음악교육의 이론과 실제. 서울: 학문사.

Aelwyn, Lesley Pugh (1998). *Music in the early years*. London: Routledge.

부 록

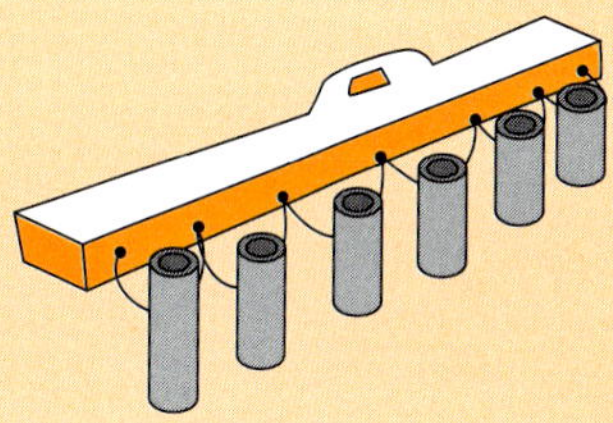

1. 폐품을 이용한 유아용 악기 만들기

2. 리듬연습을 위한 단계별 리듬카드

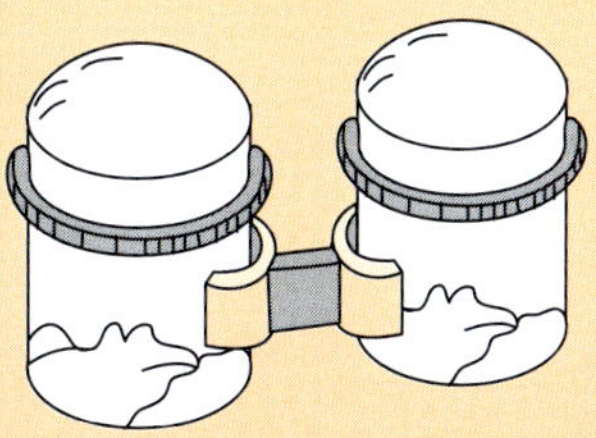

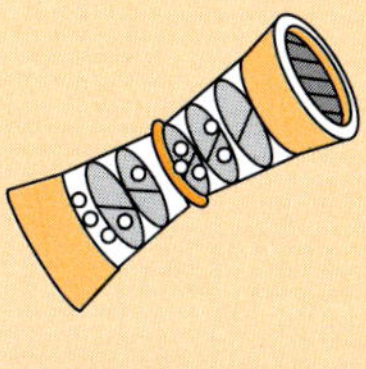

1 폐품을 이용한 유아용 악기 만들기

기존 악기의 원리를 이용하여 주변의 재활용품 및 손쉽게 구할 수 있는 재료를 이용하여 다양한 악기들을 만들 수 있다. 이러한 창의적인 악기들이 훌륭한 유아용 악기로서의 기능을 하고 있다. 주변의 재활용품 및 손쉽게 구할 수 있는 재료를 이용한 악기의 예로 다음과 같은 것들이 있다.

1) 투명 마라카스

제작방법

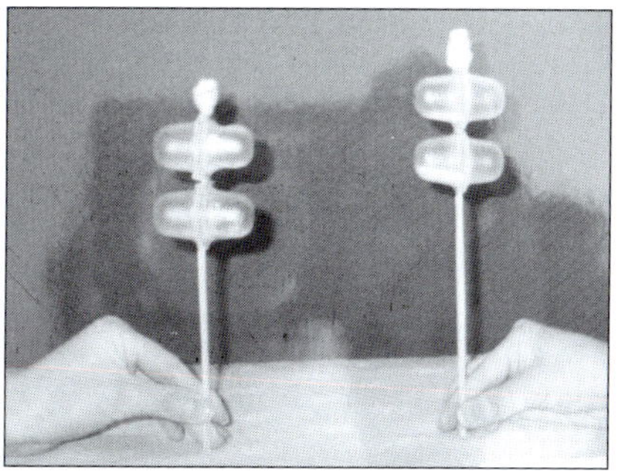

① 빈 젤리통을 깨끗이 씻어 말린 후 쌀이나 클립 등을 소량 넣는다.
② 다른 하나의 젤리통 입구 테두리에 글루건을 쏜 후 ①의 젤리통과 맞붙인다. 이때 그 사이에 나무막대를 넣고 붙여 손잡이가 되도록 한다.
③ 울림을 더 크게 하기 위하여 이러한 젤리통을 한 쌍 더 붙여 만들어도 좋다.

2) 필름통 마라카스

제작방법

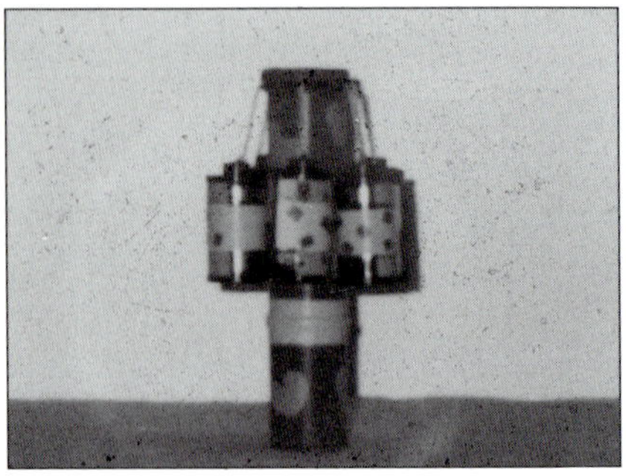

① 각 필름 속대에 3~4cm 길이로 끈을 맨다.
② 필름통 3개를 각각 시트지로 싼 뒤 글루건을 사용하여 세로로 붙여 손잡이 대를 만든다.
③ ②의 맨 위에 있는 필름통 뚜껑을 연 뒤 ①의 끈을 글루건을 사용하여 통의 안쪽에 각각 붙인 뒤 필름통 뚜껑을 닫는다.
④ 필름통이나 속대 옆면에 예쁜 그림을 붙여 장식할 수 있다.

3) 달걀판 마라카스

제작방법

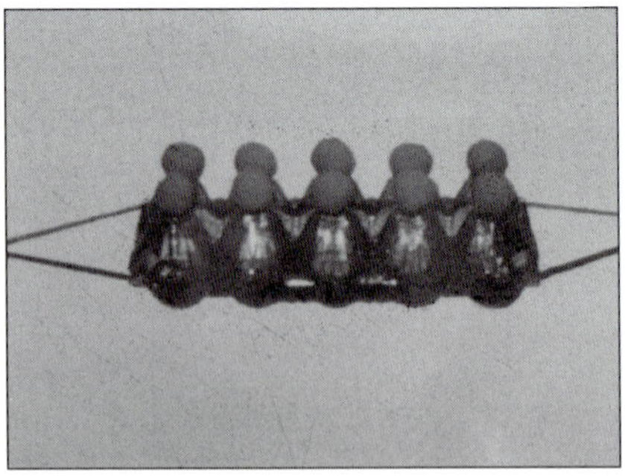

① 플라스틱 투명 달걀판을 열고 오목한 부분에 소리 나는 물체를 적당량 넣는다.
② 달걀판의 양쪽 끝에 글루건을 사용하여 손잡이용 끈이나 고무줄을 붙인다.
③ 달걀판을 닫고, 서로 맞닿은 부분을 글루건으로 붙인다.
④ 판의 볼록한 겉면에 뽕뽕이를 붙여 장식한다.

4) 망고 젤리통 마라카스

제작방법

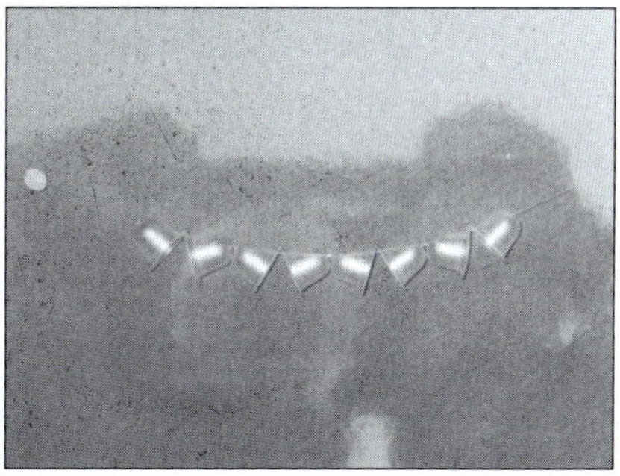

① 먹고 난 망고 젤리통을 깨끗이 씻는다.
② 망고 젤리통 중앙을 송곳으로 뚫는다.
③ 낚싯줄을 이용하여 망고 젤리통을 연결한다. 송곳으로 뚫은 곳을 통과하게 하되 망고 젤리통 입구가 마주 보도록 한다. 즉 입구와 입구, 볼록한 곳과 볼록한 곳이 만나도록 붙인다.
④ 손이 들어가는 부분에 접착 부직포로 손잡이를 만들어 준다.
⑤ 망고 젤리통에 래커 칠을 해 주면 시각적으로 보기가 좋다.

5) 사포 싹싹이

제작방법

① 스티로폼의 한 면에 사포를 붙인다.
② 스티로폼의 나머지 부분은 모두 시트지로 깨끗이 싼다.
③ 어린 연령의 유아를 위하여 필름통이나 스티로폼을 잘라 사포를 붙인 반대면 중앙에 붙여 손잡이를 만들어 주면 더 좋다.

6) 젓가락 트라이앵글

제작방법

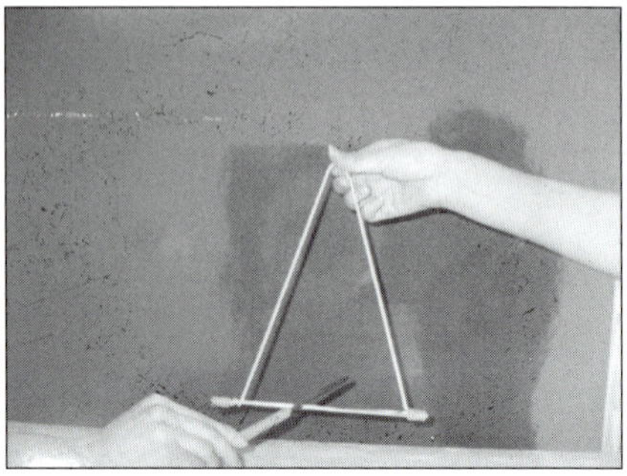

① 길이 30~40cm의 굵고 예쁜 색깔 실을 젓가락 양끝에서 1cm 정도 되는 곳에 단단히 맨다.
② 젓가락의 양 끝을 실의 매듭이 감추어지도록 1.5cm 정도씩 색실로 여러 번 촘촘히 감는다.
③ 실의 끝은 본드로 붙여 깨끗이 마무리한다.
④ 나머지 젓가락 한 짝은 트라이앵글 채로 사용하기 위해 끝에서 1/3 정도를 같은 색의 실로 촘촘히 감아 손잡이를 만든다.
⑤ 감아 준 실의 끝은 본드로 붙여 깨끗하게 마무리한다.

7) 방울 장갑

제작방법

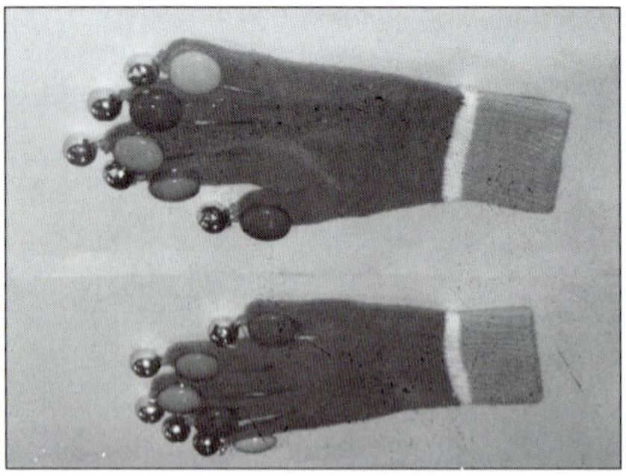

① 손가락 장갑의 손가락 끝부분에 방울을 실로 꿰매어 단다.
② 장갑 손가락 끝의 바닥 쪽에 글루건을 사용하여 단추나 방울을 하나씩 단다.

8) 만물소리 상자

제작방법

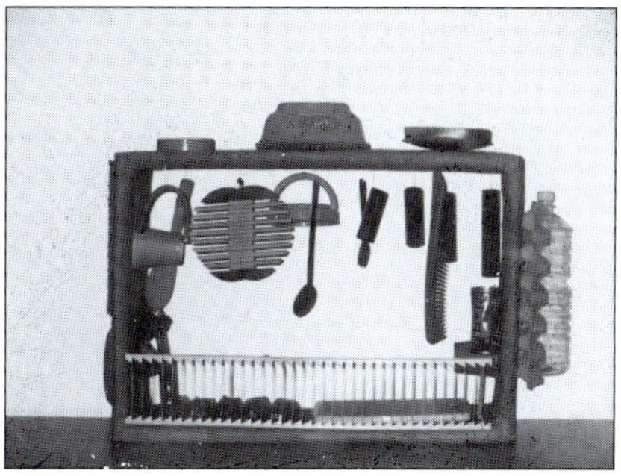

① 빈 상자의 뚜껑을 안으로 접어서 가운데 공간만 남도록 붙인다.
② 상자가 흔들리지 않게 하드보드지로 모든 면을 감싼다.
③ 하드보드지로 감싼 위에 다시 부직포를 붙인다.
④ 상자의 안과 밖, 옆면과 윗면에 두들기거나 긁어서 소리 나는 물건(주전자 뚜껑, 페트병, 컵라면 그릇, 나무 주걱, 종이컵, 빗, 수저, 김발, 플라스틱 계란판, 빈 캔, 포크, 티스푼, 냄비, 부직포, 플라스틱, 섭시, 하드보드지, 철판, 동파이프, 말굽쇠 등)을 붙이거나 낚싯줄로 매달아 놓는다.
⑤ 두들기거나 긁을 수 있는 것(젓가락과 포크)을 동 파이프에 고정시켜서 그 안에 넣는다.

9) 작은북

제작방법

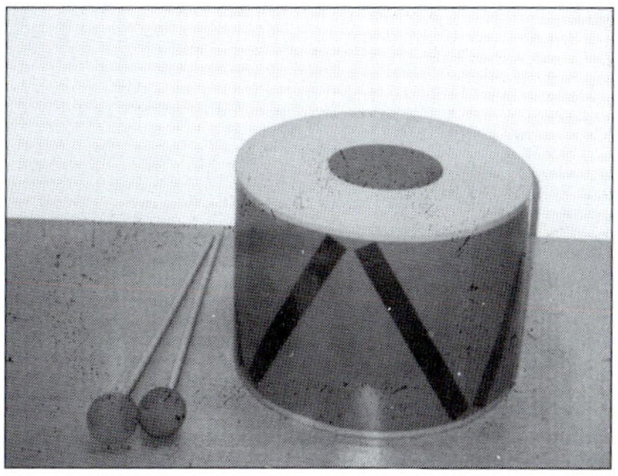

① 하드보드지에 일정한 간격으로 선을 그어 둥근 틀 모양을 만든다.
② 둥글게 만든 하드보드지를 튼튼하게 시트지로 감싼다.
③ 시트지로 북 덮개를 붙이고 전기 테이프나 남은 시트지로 북 모양을 꾸며 준다.
④ 플라스틱 막대나 나무 막대에 스티로폼 공 또는 뽕뽕이를 붙여 북채를 만든다.

10) 노래하는 굴뚝

제작방법

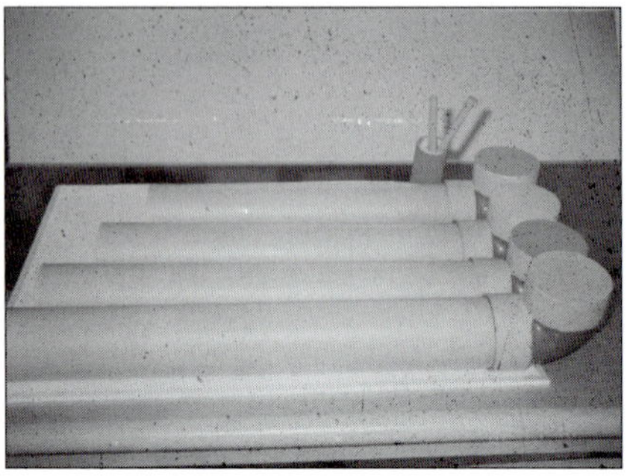

① 네 개의 직선과 곡선 PVC 파이프를 각각 연결하여 시트지로 감싼 후 우드락 위에 나란히 붙인다.
② 곡선 파이프 입구를 풍선, 아몬드 캔 뚜껑, 깡통 캔, 두꺼운 종이로 막아 준다.
③ 수수깡에 스티로폼 공을 붙여 막대를 만든다.
④ 요구르트통을 이용해 막대 보관함을 마무리해 준다.

11) 기로

제작방법

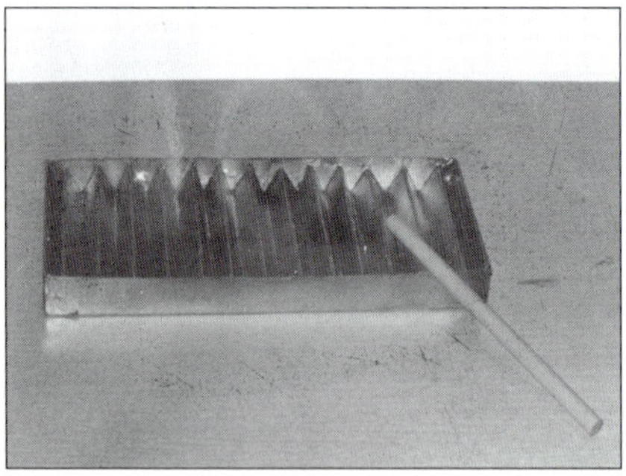

① 높이가 4cm 정도인 단단한 직사각형 상자를 준비한다.
② 하드보드지를 상자에 맞게 자르고, 일정한 간격에 맞추어 세로로 칼집을 낸다.
③ 칼집을 낸 하드보드지를 부채 접기 하고 상자 안에 고정시킨다.
④ 단단하게 만든 빨래판 모양 기로를 금색 래커로 칠해준다.
⑤ 소리를 낼 수 있는 플라스틱 막대를 준비한다.

12) 미니토끼 북

제작방법

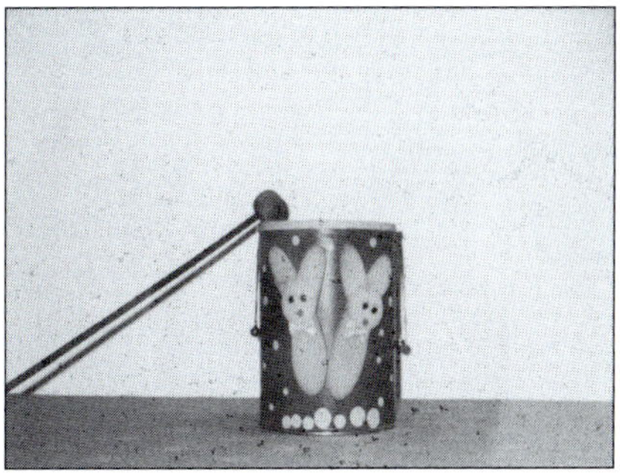

① 분유통을 시트지로 감싼다.
② 분유통의 뚜껑을 덮은 후 리본 끈에 방울을 달아 분유통 양쪽에 매단다.
③ 백업을 잘라 토끼를 만들어 분유통에 붙인다. 눈알, 타이리본으로 꾸며 준다.
④ 플라스틱 막대와 스티로폼 공으로 북채를 만들어 준다.

13) 개구리합창단 캐스터네츠

제작방법

① 스티로폼 공 다섯 개를 준비하여 모두 반으로 자른 후 반원의 머리 부분을 리본끈으로 이어 붙인다. 종이 테이프로 리본을 고정시키고 열고 닫기를 시험해본다.
② ①을 아크릴물감을 이용하여 다양한 색깔로 칠해 준다.
③ 반으로 자른 공마다 맞닿는 부분에 병뚜껑, 구슬, 나무 등을 붙여 소리나는 캐스터네츠를 만든다.
④ 눈알을 붙여 개구리처럼 꾸며 준다.
⑤ 단단한 상자와 펠트지를 이용해서 악기 받침대를 꾸며 준다.
⑥ 낚싯줄로 스티로폼 공 캐스터네츠와 악기 받침대를 연결시킨 후, 뽕뽕이를 붙여 손잡이를 만들어 준다.

14) 각종 마라카스

제작방법

① 자일리톨 껌통, 참치 캔, 플라스틱 커피통, 바나나 우유통(반 자른 것) 등을 준비하고 여러 가지 색깔 시트지로 감싼다.
② 클립, 단추, 쌀, 콩 등 소리 나는 물질을 통 안에 넣은 후 입구를 시트지로 막는다.
③ 모루, 모양 스티커 등으로 손잡이를 만들거나 악기를 보기 좋게 꾸며 준다.

15) 쌍둥이 기로

제작방법

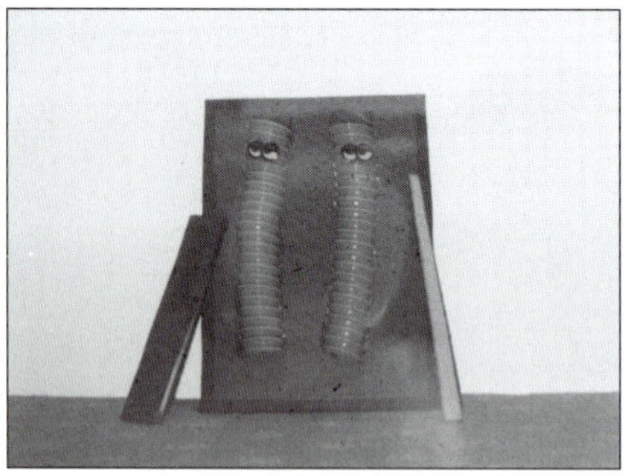

① 나무젓가락 길이 정도의 세탁기 배수 호스를 세로로 2등분한다.
② 하드보드지를 호스 크기에 맞춰 기로 판을 만든다.
③ 호스를 끼워 넣을 수 있도록 하드보드지를 세로로 적당히 잘라 낸다.
④ 하드보드지의 잘라낸 부분에 호스가 움직이지 않도록 단단히 끼워 넣는다.
⑤ 호스에 눈알을 붙여 주고 뿅뿅이로 장식한다.
⑥ 소리를 낼 수 있는 나무나 플라스틱 막대를 준비한다.

16) 우리 둘이 마라카스

제작방법

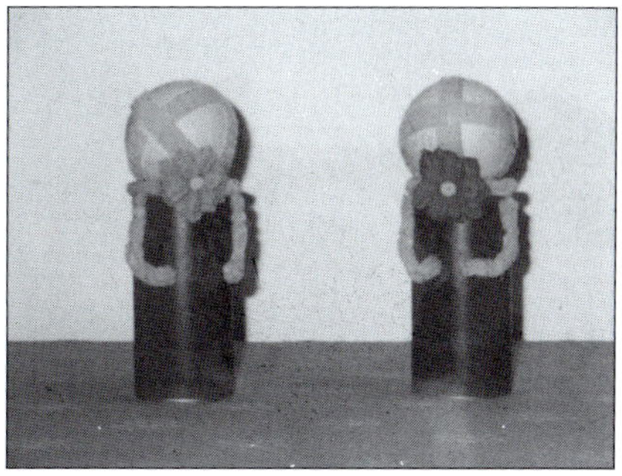

① 캔 커피통 두 개를 시트지로 감싼다.
② 콩, 모래, 단추, 쌀 등을 통 안에 넣은 후 입구를 막아 준다.
③ 스티로폼 공으로 얼굴을 꾸민 후 윗부분에 붙여 준다.
④ 모루, 색 테이프, 색종이 등으로 마라카스 몸통을 꾸민다.

17) 합창단 마라카스

제작방법

① 시럽 약병 다섯 개를 준비한다.
② 색모래, 자갈, 콩 등을 넣은 후 입구를 막아 준다.
③ 스티로폼 공에 다양한 표정을 만들어 준 후 시럽 약병 입구에 붙인다.
④ 모루, 빨대 등으로 팔을 만들고 타이리본(장식리본)으로 몸통을 꾸며 준다.

18) 춤추는 실로폰

제작방법

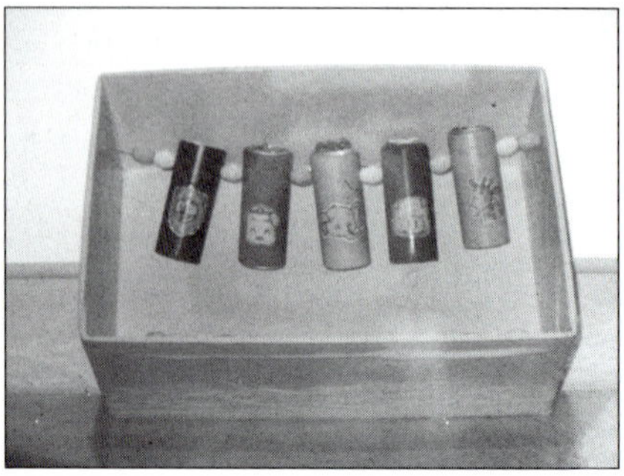

① 과일 상자 또는 라면 상자를 준비한다.

② 음료수 캔 다섯 개를 여러 색깔 시트지로 감싼 후, 색종이나 동물 모양 스티커로 꾸며 준다.

③ 철사가 통과할 수 있도록 송곳으로 캔에 구멍을 낸다.

④ 철사와 캔 사이사이에 구슬이나 뽕뽕이를 끼워 캔을 이어 준다.

⑤ 이어진 캔을 상자 안에 튼튼하게 끼우고 고정시킨다.

19) 기타

제작방법

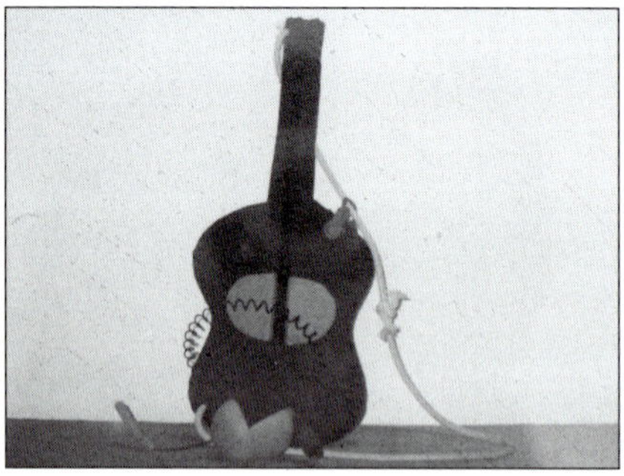

① 하드보드지로 기타 모형을 만든다.

② 부직포로 하드보드지를 감싼 후 지퍼를 붙여 준다.

③ 스프링, 플라스틱 고무공, 철사를 준비한다.

④ 플라스틱 고무공을 반으로 자른 다음 스프링 양쪽에 붙여 헤드셋을 만든다. 그 후 한쪽 헤드셋에만 철사를 10cm 정도를 달아주고 철사 끝에 뽕뽕이나 수수깡을 끼워 마이크를 만들어 준다.

⑤ 기타에 끈을 달면 멋진 기타리스트가 되어 볼 수 있다.

20) 각종 마라카스

제작방법

① 조롱박, 요구르트통, 음료수 캔 등을 준비한다.

② 콩, 쌀, 모래, 클립, 단추 등을 조롱박과 준비되어 있는 여러 가지 통에 넣고 시트지나 색 테이프를 이용해서 내용물이 나오지 않도록 마무리한다.

③ 조롱박 표면 이곳저곳에 눈알을 붙여 준다.

④ 내용물을 넣은 통들에 솜뭉치, 색종이, 시트지, 털실 등으로 얼굴을 만들어 붙이고 몸통을 꾸며 준다.

2 리듬연습을 위한 단계별 리듬카드

점선을 따라 절취하여 카드를 오려서 코팅한 후 리듬연습과 리듬악기 다루기에 활용할 수 있다. 또한 유아의 주의집중과 리듬감 향상을 위하여 매일 반복적으로 리듬 치기를 할 수 있다.

기본 리듬 읽기

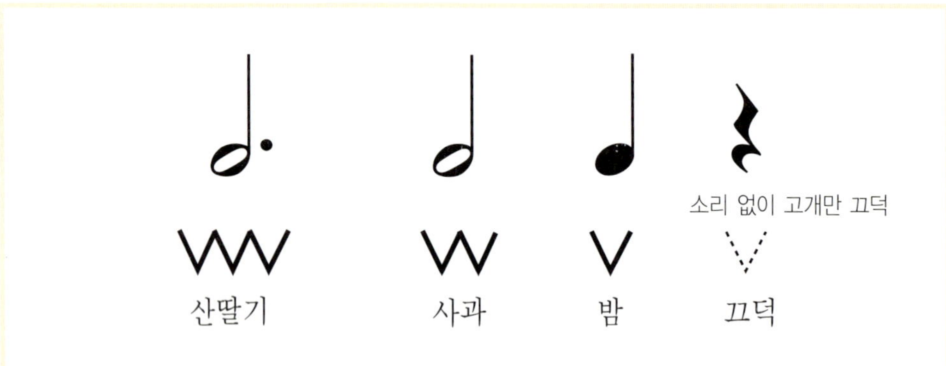

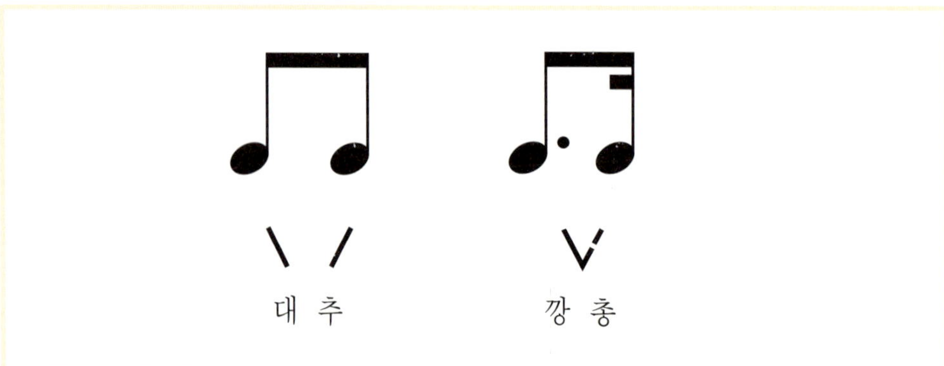

리듬카드 제시

1

2

3

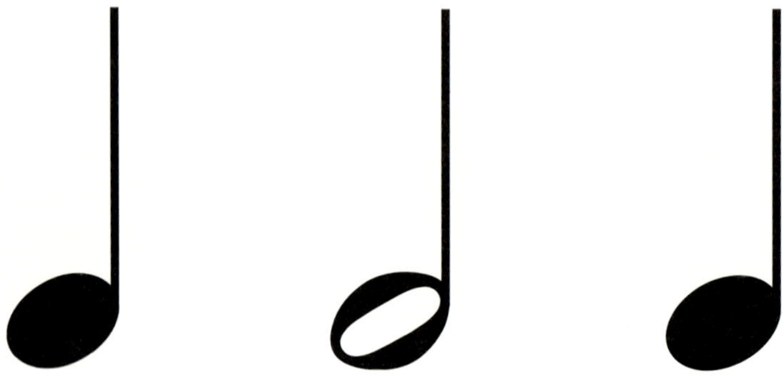

4

5

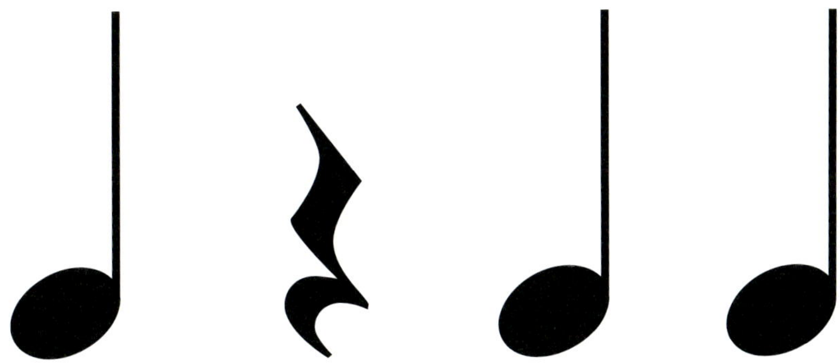

6

7

8

9

10

11

12

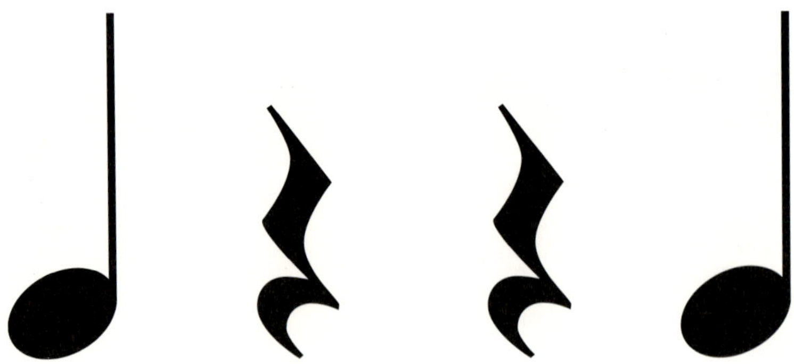

13

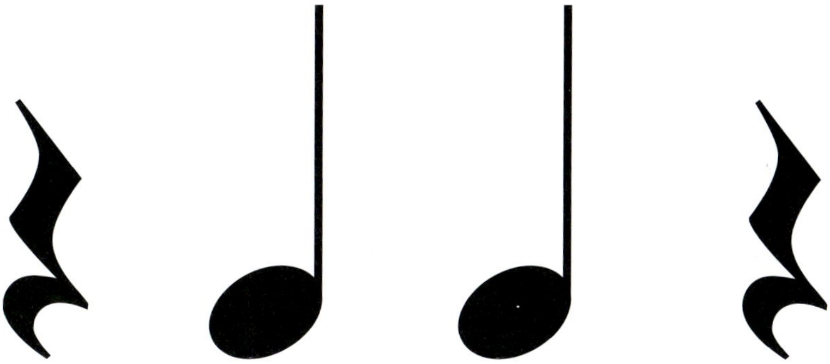

14

15

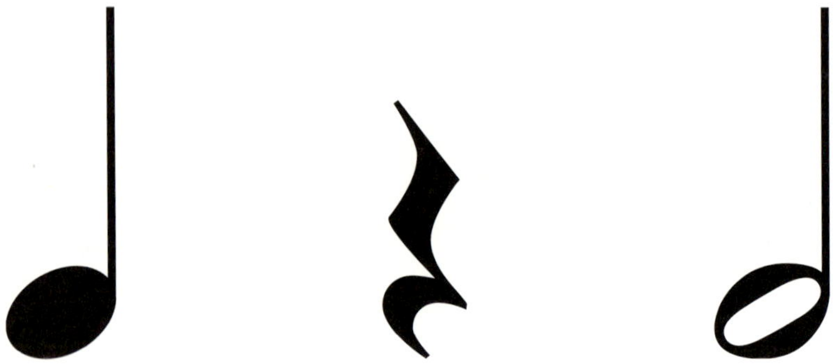

16

21

22

23

24

25

26

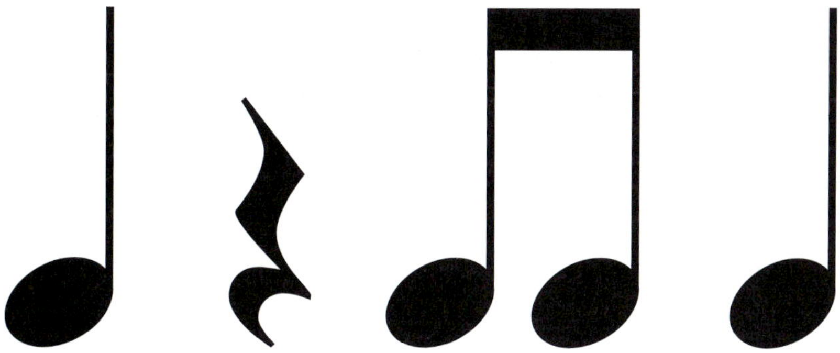

27

28

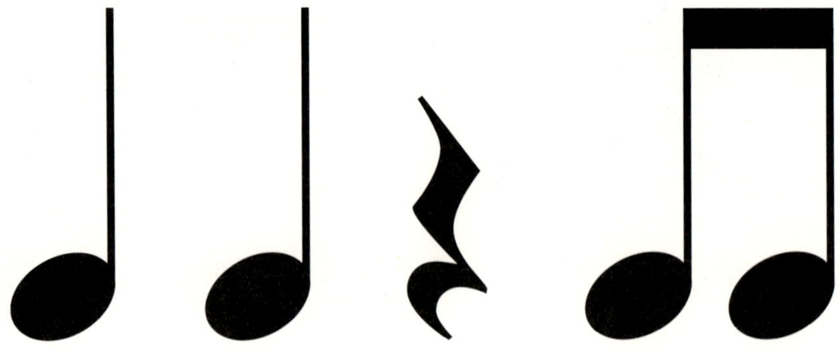

29

30

31

32

33

34

35

36

37

38

39

40

41

42

43

44

45

46

47

48

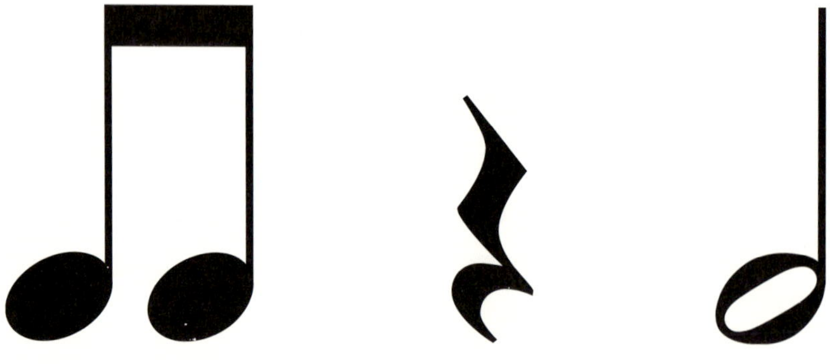

49

50

51

52

53

54

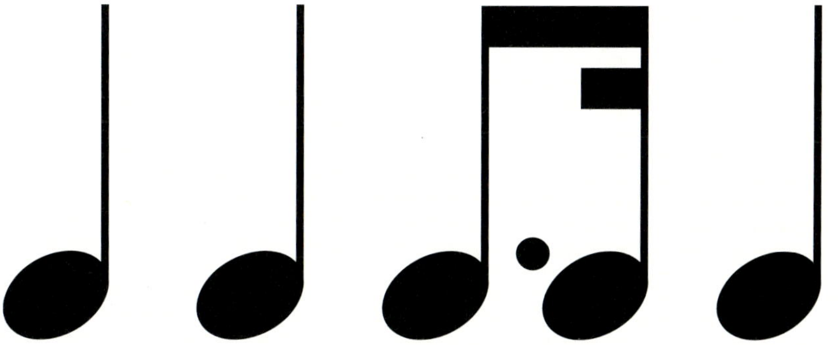

55

56

57

58

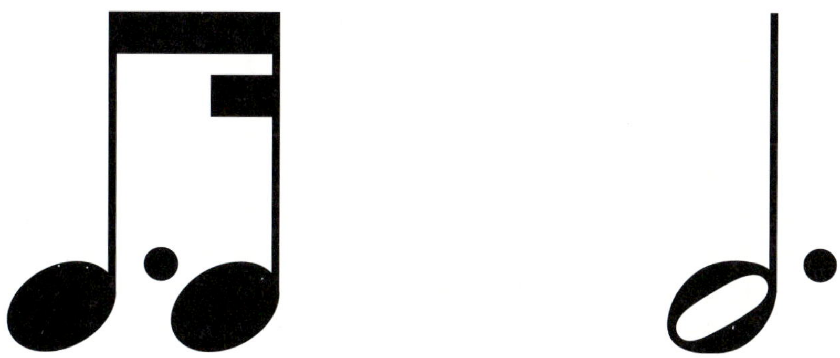

59

60

61

62

63

64

65

66

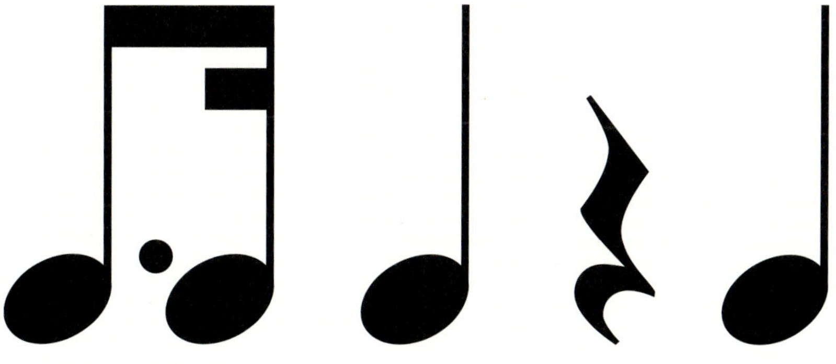

67

68

69

70

71

72

73

74

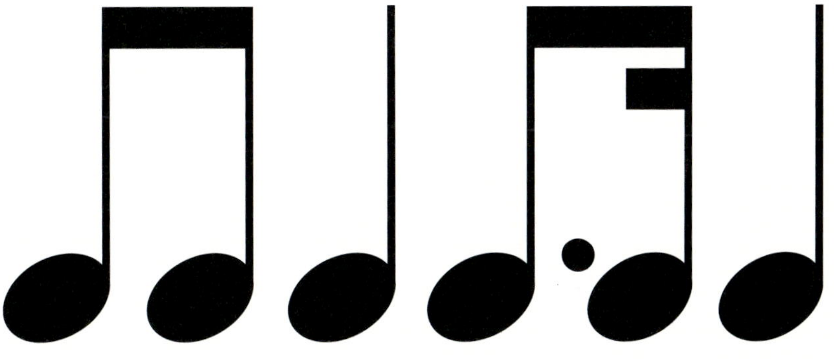

75

76

77

78

79

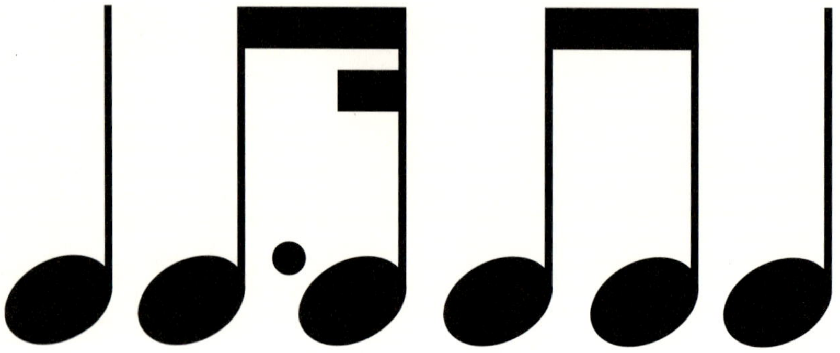